Heiliger Schlüssel

Jeden Morgen gegen vier treffen sich zwei Männer vor dem Tor der Grabeskirche in Jerusalem. Einer aus der Familie Judeh al-Husseini, der andere aus der Familie Nusseibeh. Beide sind Muslime. In aller Frühe sind sie durch die dunklen Gassen der Altstadt hergekommen. Al-Husseini reicht seinem Kompagnon Nusseibeh einen Schlüssel, knapp so lang wie ein Unterarm. Der eine bringt ihn, der andere benutzt ihn. So haben es ihre Väter gemacht und auch die Väter ihrer Väter. Nusseibeh öffnet das schwere Tor, hinter dem das Jesu Grab liegen soll, der heiligste Ort der Christenheit. Aber warum hat er, ein Muslim, überhaupt den Schlüssel?

Eine Erklärung lautet: weil die Christen sich nie einigen konnten, wer hier die Schließgewalt hat. Mönche und Priester sechs verschiedener Kirchen zanken sich seit Jahrhunderten über jeden Zentimeter des heiligen Hauses. Es sind die alten Gemeinden, die das Sagen haben: Armenier, Kopten, Griechen, Syrer, Äthiopier. Selbst Katholiken müssen sich einordnen. Ständig kommt es zum Streit über kleinste Abweichungen von den alten Sitten – wenn etwa ein Stuhl an der falschen Stelle oder eine Tür zu lange offen steht. Es sind nicht bloß Eifersüchteleien: Als Russland 1853 gegen die Osmanen in den Krimkrieg zog, diente der Streit um die Grabeskirche dem Zaren als Vorwand für den Angriff. Wieder und wieder kostete er Menschen das Leben. Bis heute fliegen manchmal die Fäuste, und die israelische Polizei muss die Streithähne trennen.

Dass die Christen die Gewalt über das Tor verloren, hat noch einen anderen Grund. Seit Saladin 1187 die Kreuzfahrer besiegte, stand Jerusalem unter muslimischer Herrschaft. Der Sultan ließ die heilige Stätte nicht schleifen, wollte sie aber kontrollieren. Später ergab sich durch die christlichen Pilger ein lukratives Geschäft für den, der den Schlüssel besaß.

Heute wirkt das Arrangement wie ein Sinnbild, eine Parabel der Koexistenz: Mitten in Jerusalem, wo sich die Religionen so nahe kommen wie nirgendwo sonst, braucht einer den anderen. Sonst bleibt das Tor zu. So einfach ist das manchmal. Und so schwer. **FLO**

EDITORIAL

FRANK WERNER
Chefredakteur

Hass und Nähe

Für Friedrich den Großen gehörte der Islam zu Preußen. Der König hielt allgemein nicht viel von den »Pfaffen«, gleich welchen Glaubens, aber muslimische Einwanderer waren ihm willkommen: »Heimstätten und Moscheen« werde man ihnen bauen und ihre Bräuche akzeptieren, »ohne Anstoß daran zu nehmen«, schrieb Friedrich 1775 seinem Brieffreund Voltaire.

Von diesem Geist der Aufklärung und Toleranz, so scheint es, ist 250 Jahre später so viel übrig geblieben wie von Friedrichs Preußen. Spätestens nach den Terroranschlägen von 9/11, die im Westen die Angst vor dem Islam schürten, hat sich der Blick verengt, auch in Deutschland. Seitdem werden Menschen aus islamischen Ländern nicht mehr als Türken oder Tunesier wahrgenommen, sondern vor allem als Muslime. Ob sie dem Islam anhängen oder nicht, Zuwanderer erscheinen als Vertreter ihrer Religion, womit schon alles gesagt ist, denn in Umfragen gilt der Islam als rückwärtsgewandt und fanatisch, als Quell für Integrationsprobleme, Terror und Gewalt. Ein Bild, dem auch Kalifats-Demonstranten auf deutschen Straßen Kontur geben. Rechtsradikalen Hasspredigern fällt es heute leicht, Islam mit Islamismus gleichzusetzen und die Angst vor Überfremdung zu schüren.

Unser Heft zeigt, dass dieses christlich-europäische Feindbild, in dem der Islam als Gefährder des Abendlandes auftritt, eine jahrhundertelange Tradition hat – von der »Reconquista« bis zu den Kreuzzügen, von den Schockwellen nach dem Fall Konstantinopels bis zu den gefürchteten »Türken vor Wien«, vom islamistischen Terror bis zu den evangelikalen Gotteskriegern in den USA. Immer wieder gerieten die beiden größten Weltreligionen aneinander – und doch ist es ein Mythos, mit dem amerikanischen Politikwissenschaftler Samuel P. Huntington vom »Kampf der Kulturen« zu sprechen. Die Geschichte von Christen und Muslimen geht nicht auf im simplen Gegensatz, sie birgt überraschend viele Annäherungen und Gemeinsamkeiten. Und nicht immer bestimmt die Rivalität der Religionen das Geschehen, oft war der Glaube nur Mittel zum Zweck: Die Kreuzritter kämpften ebenso gegen Christen wie die Dschihadisten gegen Muslime.

Dieses Heft will das Bewusstsein dafür schärfen, dass Feindbilder mächtig sind, aber Erfindungen, die Gegensätze erschaffen und Vielfalt unsichtbar machen. Und die den Blick verstellen auf die Menschen. Friedrich der Große hatte sich diesen Blick bewahrt. Für den Preußenkönig waren alle Religionen »gleich und gut«, sofern ihre Anhänger »ehrliche Leute« seien.

54

»Wider den Teufel selbst«: Martin Luther ätzt gegen den Islam, als die Osmanen 1529 vor Wien stehen

46

Heiliger Sieg: Vor der Rückeroberung Jerusalems 1187 lässt sich der muslimische Feldherr Saladin feiern – erst Jahrhunderte später wird der Erfolg gegen die Kreuzritter zu einem Triumph über die Christenheit stilisiert

22

Gemeinsamer Glaube
Der Koran stützt sich sehr viel mehr auf die Bibel, als man denkt

INHALT

TITEL: Die Unterwerfung der Stadt Tyros durch die Kreuzfahrer im Jahr 1124; Gemälde von 1840 (Ausschnitt)

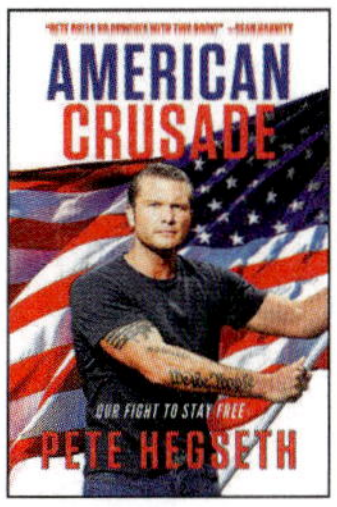

110

Moderne Kreuzfahrer
Radikale Christen wie Pete Hegseth, US-»Kriegsminister«, entdecken den Islam als Weltfeind neu

Kampf und Kultur

Von Andalusien bis in die Levante zeugen Gotteshäuser, Herrscherpaläste und Schlachtfelder vom jahrhundertelangen Austausch und Konflikt zwischen Christen und Muslimen

Säulen der Herrschaft

Inspiriert von christlichen Kreuzgängen, lässt der muslimische Emir von Granada Ende des 14. Jahrhunderts in der Alhambra den Löwenhof errichten – ein Meisterwerk der maurischen Baukunst in Spanien. Etwa 100 Jahre später, am 2. Januar 1492, muss Emir Muhammad XII. dem christlichen Eroberer Ferdinand von Kastilien den Schlüssel der Alhambra übergeben (Bild unten)

Alte Nachbarn

Um keine andere Stadt ringen Christen und Muslime im Mittelalter so erbittert wie um Jerusalem. Nur 500 Meter trennen hier den Felsendom (rechts) auf dem Tempelberg, wo Mohammed gen Himmel gefahren sein soll, von der Grabeskirche mit ihren blauen Kuppeln, in der Christen das Grab Jesu vermuten. Das kleine Bild zeigt die Eroberung Jerusalems im Jahr 1099 durch christliche Kreuzfahrer

Kathedrale und Moschee

Fast 1.000 Jahre lang symbolisiert die Hagia Sophia als Kathedrale des Byzantinischen Reichs die Bedeutung Konstantinopels für die Christenheit. Dann erobert am 29. Mai 1453 der osmanische Sultan Mehmed II. die Stadt (kleines Bild), und die Hagia Sophia wird zur Moschee. Das ist sie seit einigen Jahren wieder, nachdem 1934 der türkische Staatsgründer Atatürk die wohl berühmteste Sehenswürdigkeit Istanbuls in ein Museum umgewandelt hatte

عثمان رضي الله عنه
الله جل جلاله

Umkämpftes Mittelmeer

Als die Osmanen zu Lande und zu Wasser Richtung Westen vordringen, schließen sich die christlichen Mittelmeermächte Spanien, Venedig, Genua sowie der Papst 1571 zur »Heiligen Liga« zusammen. Nahe der griechischen Hafenstadt Nafpaktos, von den Italienern Lepanto genannt, am Eingang des Golfes von Patras, besiegt die Allianz am 7. Oktober die osmanische Flotte in einer Seeschlacht

wüstenrot
Stubentor U3

Die Türken vor Wien

1683 steht das Heer des osmanischen Feldherrn Kara Mustafa vor den Toren Wiens. Seine Truppen haben Gräben vor der Stadtmauer angelegt (kleines Bild), dahinter harren die belagerten Einwohner aus und warten auf Entsatz. Die Bedrohung durch »die Türken« wird zum Sinnbild der Krise des »Abendlandes«. Bis heute zeugen die Reste der alten Stadtmauer am Wiener Stubentor von dieser fernen, nahen Zeit

IM NAMEN GOTTES

Christentum und Islam verbindet viel. Aber jahrhundertelang haben Herrscher die beiden Religionen für ihre Machtpolitik missbraucht

VON MOUHANAD KHORCHIDE

EDLER REITER
Die Silbermünze aus dem Irak der Abbasiden um das Jahr 920 zeigt Kalif Al-Muqtadir auf einem Pferd. Heute liegt die Münze im British Museum in London

Oft werden Islam und Christentum als gegensätzliche religiöse Welten wahrgenommen. Doch ein genauer Blick in ihre Geschichte und in den Koran offenbart gemeinsame Wurzeln, eine enge Verflechtung und mehr theologische Nähe, als viele vermuten würden. Beide Religionen entstanden im Nahen Osten, und sie teilen bedeutende Figuren und Überlieferungen. Als der Prophet Mohammed im frühen 7. Jahrhundert auf der Arabischen Halbinsel auftrat, war seine Welt von jüdischen und christlichen Gemeinschaften geprägt. Das Christentum hatte sich zu dieser Zeit bereits in verschiedene, widerstreitende Richtungen entwickelt.

Geboren wurde Mohammed um das Jahr 570 in Mekka, in einer Region, in der Stammesreligionen dominierten. Die Arabische Halbinsel war durchzogen von wichtigen Handelsrouten und stand unter dem Einfluss der Rivalität der Großmächte Byzanz, also des Oströmischen Reichs, und der in Persien herrschenden Sassaniden. Die Politik dieser beiden Mächte bestimmte weithin das Geschehen, auch in religiösen Fragen.

Sowohl Byzantiner als auch Sassaniden rekrutierten schon vor Mohammed christliche und jüdische Verbündete in Arabien. Noch um das Jahr 520 existierte im Jemen das jüdische Königreich der Himyar, das damals mit Persien verbündet war. Es wurde jedoch um 530 von einem christlichen Heer aus Abessinien, dem heutigen Äthiopien, mit Unterstützung der oströmischen Byzantiner besiegt. Der abessinische Feldherr Abraha setzte sich an die Spitze des eroberten Reiches.

Im Süden und Osten der Arabischen Halbinsel entstanden vom 4. Jahrhundert an christliche Gemeinden, die Kirchen und Klöster bauten und Bistümer einrichteten. Im wirtschaftlichen und politischen Zentrum Arabiens, dem Hedschas im Westen um die Städte Mekka und Medina, hing die Mehrheit der Menschen einem polytheistischen Glauben an. Doch gab es seit der Antike auch hier schon bedeutende jüdische Siedlungen. Besonders in der Oasenstadt Yathrib, dem späteren Medina, hatte sich eine große jüdische Gemeinschaft etabliert, die von Landwirtschaft und Handel lebte.

In Mekka sympathisierten schon vor der Zeit Mohammeds einige Araber mit dem Monotheismus, dem Glauben an einen Gott. Das neue Zeugnis Mohammeds stand dort also keineswegs isoliert da, sondern entsprang einem »kosmopolitischen« Stadtmilieu, in dem man die Ideen des Judentums und des Christentums bereits kannte. Als Mohammed im Jahr 610 seine erste Offenbarung empfing, suchte seine Frau Khadidscha Rat bei ihrem Cousin Waraqa ibn Nawfal, einem mekkanischen Gelehrten, der sich in den jüdischen und christlichen Schriften auskannte. Das zeigt, dass Mohammed und sein Prophetentum von Beginn an in der Tradition der biblischen Überlieferung standen, der Tora und der Bibel.

CAMEL N° 1
Dieses syrische Kamel aus Glas stammt aus dem 7. oder 8. Jahrhundert, der Zeit des frühen Islam, und war gefüllt mit einer kostbaren Flüssigkeit wie Parfüm, Öl oder Rosenwasser

In Mekka stieß seine Lehre zunächst vor allem auf den Widerstand der polytheistischen arabischen Elite. Im Jahr 622 wurde der Druck so groß, dass Mohammed mit seinen Anhängern nach Yathrib (Medina) zog, wo er eine Gemeinde gründen und deren politische Führung übernehmen konnte. Dieses Ereignis nennen Muslime die *Hidschra,* was Auswanderung bedeutet. Es wurde später der Beginn der neuen, islamischen Zeitrechnung.

Bereits einige Jahre vor der *Hidschra* waren auf Mohammeds Rat einige verfolgte muslimische Familien von Mekka aus auf die andere Seite des Roten Meeres ins christlich regierte Abessinien geflohen. Dort fand die Gruppe Aufnahme am Hof des Negus in der Hauptstadt Aksum. Dem christlichen König trugen Mohammeds Gefährten Koranverse über Jesus und Maria vor, die den König, wie die Überlieferung besagt, so sehr beeindruckten, dass er kaum einen Unterschied zwischen dem eigenen Glauben und dem des neuen Propheten erkannte.

Zu dieser Zeit hatte sich das Christentum bereits seit sechs Jahrhunderten rasant entwickelt. Anfangs war es in Palästina eine verfolgte Bewegung, doch bis zum 3. Jahrhundert breitete es sich über Syrien, Kleinasien, Ägypten und Mesopotamien aus und weit darüber hinaus in Italien, an der Rhône und in Nordafrika. Das Römische Reich begann sich im 4. Jahrhundert auseinanderzuentwickeln, die Mehrkaiserherrschaft führte dazu, dass auch die Politik gegenüber den Christen stark variierte. Die letzten großen Verfolgungswellen befahlen Diokletian und Galerius zwischen 303 und 311.

Zwei Jahre darauf beendeten die Kaiser die Nachstellungen durch eine Vereinbarung zur Religionsfreiheit. Danach wuchs die Bedeutung der Christen im Römischen Reich stetig, gefördert durch Kaiser Konstantin. Dieser Prozess wird heute als »Konstantinische Wende« bezeichnet und fand seinen Abschluss darin, dass das Christentum 380 zur Staatsreligion des Imperiums erhoben wurde. 15 Jahre später, 395, brach das Römische Reich in eine westliche und eine östliche Herrschaft auseinander. Der Kaiser des Oströmischen (oder Byzantinischen) Reiches residierte fortan in Konstantinopel.

Die gewaltige Verbreitung des Christentums in der Folgezeit brachte eine Vielzahl theologischer Schulen hervor, die bald erbittert miteinander über die richtige Lehre stritten. Zwei Konflikte im 5. Jahrhundert stechen heraus, denn sie prägten die konfessionelle Wirklichkeit, in die Mohammed hineingeboren wurde. Der erste Streit kulminierte im Konzil von Ephesus im Jahr 431: Es ging um die Frage, wie die göttliche und die menschliche Natur in Christus zueinander stehen. Patriarch Nestorius aus Konstantinopel betonte die Unterscheidung beider Naturen, während Kyrill von Alexandria auf ihrer unauflöslichen Einheit bestand. Nestorius wurde als Häretiker verurteilt, doch viele seiner Anhänger hielten an seiner Christologie fest. Sie flohen ins sassanidisch-persische Reich, wo sie aus machtpolitischem Kalkül geduldet wurden.

Aus Sicht der Sassaniden stellten sie ein willkommenes Gegengewicht zum Einfluss der römischen Kirche dar. So entstand die sogenannte Kirche des Ostens mit eigenem Patriarchat in Seleukia-Ktesiphon nahe dem heutigen Bagdad. Sie blieb vom übrigen Christentum isoliert, entwickelte aber eine eigenständige Theologie und eine missionarische Kraft, die sie bis nach Zentralasien, Indien und China vordringen ließ.

Nur zwei Jahrzehnte später erschütterte das nächste Konzil die kirchliche Einheit: In Chalkedon, unmittelbar gegenüber von Konstantinopel, heute Kadıköy auf der asiatischen Seite Istanbuls, wurde 451 endgültig die Rolle Konstantinopels als »Neues Rom« begründet. Außerdem stellte das Konzil die byzantinische Kirche auf eine Stufe mit der römischen Papstkirche.

Zudem wurde hier die Lehre formuliert, Christus habe »zwei Naturen, göttlich und menschlich, in einer Person, ungetrennt und unvermischt«. Diese Formel sollte vermitteln, wurde aber in großen Teilen des Orients nicht akzeptiert. Besonders die nicht griechischsprachigen Christen an den östlichen Rändern des Römischen Reiches, also die koptischen Ägypter, die syrischen Gemeinden und die Armenier, empfanden sie als Kompromiss zulasten der Göttlichkeit Christi. Sie hielten fest an ihrer Lehre der einzigen, aus göttlicher und menschlicher Wirklichkeit geeinten Natur Christi. Aus dieser Bewegung gingen die sogenannten orientalisch-orthodoxen Kirchen hervor: die koptische Kirche Ägyptens, die syrisch-orthodoxe Kirche, die armenische apostolische Kirche und später die äthiopische Kirche. Sie alle trennten sich in der Spätantike dauerhaft von der griechisch dominierten byzantinischen Reichskirche.

So entstand bis zum 6. Jahrhundert ein konfessionell zersplittertes Christentum. In Syrien, Ägypten und Mesopotamien existierten die Gemeinden der unterschiedlichen Strömungen oft in

GOTTES BOTEN
Die acht Medaillons zeigen Engel oder Heilige. Der Armreif aus Ägypten ist christlichen oder muslimischen Ursprungs; er stammt wohl aus dem 6. Jahrhundert

Konkurrenz zueinander. Auch im Vorderen Orient blieben einige Christen der Reichskirche und dem oströmischen Kaiser in Konstantinopel treu, sie wurden »Melkiten« genannt. Dagegen litten die koptischen und syrischen Christen teilweise unter Repressionen der byzantinischen Behörden, die sie auf ihre Linie zwingen wollten. Viele Christen im Orient fühlten sich der byzantinischen Kirche derart entfremdet, dass sie im Kaiser eher einen Unterdrücker sahen als einen Glaubensbruder.

Als Mohammed im frühen 7. Jahrhundert in Arabien wirkte, wurde die Region von einem letzten großen Krieg zwischen Byzanz und Persien erschüttert. Von 602 bis 628 lieferten sich die beiden Weltmächte einen blutigen, erschöpfenden Konflikt. Der persische Großkönig Chosrau II. eroberte zeitweise Syrien, Palästina und Ägypten; 614 fiel sogar Jerusalem in persische Hand. Die »wahre Kreuzreliquie«, angeblich ein Stück Holz vom Kreuz Jesu, wurde geraubt. Dem byzantinischen Kaiser Herakleios gelang es in einem spektakulären Gegenzug, die Perser zu besiegen und 630 die Reliquie zurückzubringen. Doch der Triumph war teuer erkauft: Ebenso wie Persien war auch Byzanz wirtschaftlich ausgeblutet, militärisch geschwächt und moralisch zermürbt.

Als nur wenige Jahre später arabische Truppen, nun geeint unter dem Banner des Islam, aus der Wüste vordrangen, stießen sie in eine Region vor, die des jahrzehntelangen Krieges müde war. 638 übergab Patriarch Sophronius Jerusalem an Umar, den zweiten Kalifen. In Ägypten fiel Alexandria 640 nahezu kampflos. Verglichen mit dem Kaiser in Konstantinopel, der byzantinischen Steuerlast und religiösen Intoleranz, empfanden viele Christen die neuen Herrscher als das kleinere Übel.

Die erobernden Muslime folgten Mohammeds Vorbild, der Juden und Christen als »Leute der Schrift« bezeichnet hatte, und gewährten ihnen Schutz im Austausch gegen einen Tribut. Die Christen konnten ihre Religion weiterhin ausüben: Bistümer und Gemeinden blieben unangetastet, die Bischöfe in ihren Ämtern.

Über Jahrhunderte hinweg sollten die Christen eine prägende Rolle in den islamischen Reichen spielen, als Ärzte, Übersetzer, Beamte und Gelehrte. Das berühmte »Haus der Weisheit« in Bagdad, eine frühe Akademie und Bibliothek, gegründet um das Jahr 825 unter dem abbasidischen Kalifen Al-Mamun, wäre ohne syrisch-christliche Übersetzer undenkbar gewesen.

In der von theologischer Vielfalt und politischer Erschöpfung geprägten Welt des 7. Jahrhunderts erschien der Islam als neue Kraft, die inmitten der Konflikte des Orients eine radikale Rückkehr zur Einheit Gottes verkündete. Mohammeds Leben fiel in eine Epoche, in der das Christentum weit verbreitet, aber durch innere Spaltung und äußere Machtpolitik geschwächt war.

Das ist der Hintergrund für die Begegnung dieser zwei Religionen. Ebenso wie das frühe Christentum entwickelte sich auch der Islam keineswegs einheitlich und frei von inneren Konflikten. Mohammed hatte im Jahr 610 damit begonnen, seine Botschaft der Freiheit und Selbstbestimmung des Menschen zu verkünden, doch in seiner Nachfolge traten autoritäre muslimische Herrscher eine Gegenbewegung los. Bereits im Jahr 661, kaum 30 Jahre nach dem Tod des Propheten, kam Kalif Muawiya in Damaskus an die Macht, der erste Herrscher aus der Linie der Omaijaden. Er wurde nicht mit dem Einverständnis des Volkes gewählt oder ernannt, wie es bei den ersten vier Kalifen, den »Nachfolgern« Mohammeds, der Fall gewesen war. Nach Muawiya unterlag das Kalifat einer Erbfolge – oder es wurde durch Gewalt und Krieg erkämpft.

Diese vom Volk nicht legitimierte Art der Herrschaft benötigte eine neue, besondere Rechtfertigung. Was kann dazu besser dienen als Gott selbst? So begann eine andere Geschichte des Islam, die aus einer Religion der Befreiung ein Instrument der Unterdrückung werden ließ.

Man benötigte bald ein Bild des Islam, das es gestattete, aus der Botschaft der Liebe und Barmherzigkeit eine der Gewalt und des Krieges zu formen, aus der Botschaft der Freiheit und Selbstbestimmung eine der Unterwerfung und Fremdbestimmung. Diese Gegenbewegung erfasste auch den Koran und speziell seine Aussagen über Jesus und das Christentum: In dem Bemühen, den Islam politisch nutzbar zu machen und gegen andere Religionen abzugrenzen, wurde er apologetisch gelesen, als Gegenrede zur Bibel und zu den Christen – statt als Gespräch. Tatsächlich lässt der Koran eine solche Abwehrhaltung aber nicht erkennen, im Gegenteil: Wer ihn ohne den späteren apologetischen Filter liest, entdeckt darin keinen Gegensatz zum Christentum, sondern eine Einladung zur theologischen Begegnung.

Über kaum eine Gestalt wird zwischen Christen und Muslimen seit je so leidenschaftlich diskutiert wie über Jesus, arabisch Isa. In der islamischen Tradition ist er kein Fremder, sondern einer der größten Propheten. Und doch wurde gerade Jesus im Laufe der Jahrhunderte zum Symbol der Abgrenzung. Viele Muslime sahen in ihm den Beweis für den Irrweg der Christen, viele Christen betrachteten den Koran als pauschale Zurückweisung von Jesus Christus. Liest man den Koran jedoch unvoreingenommen, zeigt sich ein anderes Bild: Jesus wird darin mit Ehrentiteln bedacht, mit Wundern ausgestattet und in Gottes Nähe gerückt. Zugleich bleibt er Mensch, Diener, Zeichen.

Wenn der Koran betont, dass Gott keinen Sohn gehabt habe, wird dies oft als scharfe Missbilligung der christlichen Theologie verstanden. Doch die Sprache des Koran legt auch hier etwas anderes nahe: Die Texte wenden sich gegen eine Vorstellung von Gott als leiblichem Vater, der ein Kind zeugt. Der arabische Ausdruck für ein solches Kind im Koran lautet *walad,* damit ist ein

DER ERSTE JÜNGER
Auf dieser byzantinischen Silberplakette aus Antiochia im antiken Syrien, entstanden um das Jahr 600, ist Petrus als Prediger und Gründer der Kirche Jesu Christi zu sehen

biologischer Nachkomme gemeint, nicht ein symbolischer oder geistiger Sohn. Der Koran weist also zurück, dass Jesus Gottes biologischer Sohn war – aber auch der christliche Glaube meint mit »Sohn Gottes« keine körperliche Zeugung, sondern eine besondere Beziehung zwischen Gott und dem Menschen Jesus. Verteidigt wird hier die Transzendenz Gottes, seine Unvergleichlichkeit und Andersheit. Wer den Koran ernst nimmt, wird darin eher eine Warnung vor jeder Form religiöser Übersteigerung erkennen als eine Polemik gegen die Christen.

Doch wirft der Koran nicht Juden und Christen vor, ihre Schriften verfälscht zu haben? Auch hier ist der Ton differenzierter, als die spätere islamische Tradition uns häufig glauben machen wollte und will. Tora und Evangelium werden ausdrücklich als göttliche Offenbarungen gelobt, in denen Licht und Rechtleitung seien. Äußert der Koran Kritik, dann an den Menschen, die Aussagen der Schriften verdrehen oder für eigene Interessen instrumentalisieren.

Er geht aber von der Gültigkeit der Schriften aus und mahnt Christen, sie sollen »nach dem Evangelium« leben, und Juden nach der Tora. Das Problem liege nicht im Buch, sondern im Menschen, der meine, Gott auf seine Seite ziehen zu können. Der Gedanke richtet sich gegen den Missbrauch heiliger Texte – ein Vorwurf, der jede Religion treffen kann, auch den Islam.

In einer koranischen Formulierung, die für Jesus benutzt wird, steckt eine tiefe, jedoch stille theologische Parallele: Der Koran nennt ihn ein »Zeichen« Gottes, so wie er auch die Natur, die Geschichte und die eigene Offenbarung als »Zeichen« beschreibt. Das ist von überragender Bedeutung: Für Christen ist Jesus das menschgewordene Wort Gottes, für Muslime ist der Koran die sprachgewordene Offenbarung Gottes. Beide sind Ausdruck desselben göttlichen Handelns. Gott teilt sich mit, einmal in der Person, einmal im Wort. So kann man sagen: Jesus ist für den Koran das, was der Koran für die Muslime ist, eine lebendige Erinnerung an Gottes Nähe und Barmherzigkeit. Diese Parallele macht verständlich, warum der Koran Jesus mit Begriffen wie »Wort« und »Geist« Gottes ehrt: Sie spiegeln das islamische Verständnis von Offenbarung wider.

Auffällig oft verknüpft der Koran die Geschichte Jesu mit dem Begriff der Barmherzigkeit, arabisch *rahma*. Schon seine Geburt wird als »Zeichen und Barmherzigkeit« bezeichnet, seine Heilungen, seine Fürsorge, seine Sanftmut, all das ist Ausdruck der göttlichen *rahma,* der Gnade, die auch eine Kernbotschaft des Koran bildet. In Sure 19, die Maria und Jesus gewidmet ist und den Namen »Maryam« trägt, ist die Barmherzigkeit das Leitmotiv. Wo Jesus wirkt, geschieht Gnade. Wo Menschen durch ihn geheilt oder getröstet werden, wird Gottes Erbarmen sichtbar.

Diese Sichtweise verbindet Islam und Christentum tiefer, als oft angenommen wird. In beiden Religionen steht die Barmherzigkeit im Zentrum, nicht die Macht. Der Unterschied liegt im Bild, nicht im Inhalt: Das Christentum sieht die Barmherzigkeit im gekreuzigten Gott, der Islam in Gottes unerschöpflicher Güte. In der Sure 21 wird diese Hauptbotschaft der Verkündigung Mohammeds und damit die Essenz des Islam auf den Punkt gebracht: »Gott hat dich, Mohammed, ausschließlich als Barmherzigkeit für alle Welten entsandt.«

Nur wenige Jahre nach dem Tod des Propheten war davon allerdings nicht mehr viel zu spüren. Aus der Botschaft der Barmherzigkeit war die Legitimation von Macht und Tyrannei geworden. Die Kalifen und auch andere islamische Herrscher hatten damit begonnen, sich mit religiösen Titeln zu schmücken, um damit ihre Herrschaft im Namen des Heiligen zu begründen und dem Volk zu suggerieren, sie seien die Vertreter Gottes auf Erden.

Sie gaben vor, in Mohammeds Namen zu sprechen. Und deshalb hätten sie Anspruch darauf, dass ihnen bedingungslos gehorcht werde. Bis heute verwenden manche muslimische Anführer genau diese Rhetorik, um ihre Herrschaft, die meist nicht vom Volk legitimiert ist, durch den Verweis auf das Heilige zu rechtfertigen. Dabei geht es ihnen nicht um den Islam, ihr Ziel ist allein der Machterhalt.

Da die Instrumentalisierung schon wenige Jahre nach Mohammeds Tod begonnen hatte, waren die Konsequenzen für das Selbstverständnis des Islam gravierend. Mit einer Religion, die Barmherzigkeit, Spiritualität und ethische Grundsätze sowie Freiheit und Gleichheit predigt, lassen sich autoritäre Herrschaft und Angriffskrieg viel schwieriger begründen als mit einer Religion der Unterwerfung. Doch leider ist auch das etwas, worin sich der reale Islam und das reale Christentum ähneln, worin sie einander nah sind und waren in 1.400 Jahren gemeinsamer Geschichte. ■

MOUHANAD KHORCHIDE *ist Professor für Islamische Religionspädagogik und leitet das Zentrum für Islamische Theologie an der Universität Münster*

Teil 1

Aufstieg und Expansion des Islam

EROBERUNG STATT EINKEHR
Mit Trompeten verkünden muslimische Reiter das Ende des Fastenmonats Ramadan. Illustration in einer arabischen Handschrift aus dem Jahr 1237

»Unser Gott und eurer ist einer«

Wie viel Bibel steckt im Koran?
Die 114 Suren erzählen von Mohammed, aber auch von Abraham, Moses und Jesus – sie wurzeln tief in jüdisch-christlicher Tradition VON KARL-JOSEF KUSCHEL

AUF DEM SONNENDECK
Bei einer Fahrt auf dem Nil Ende 1977 diskutieren der deutsche Kanzler Helmut Schmidt und der ägyptische Präsident Anwar al-Sadat nicht nur über Politik, sondern auch über die gemeinsamen Wurzeln von Juden, Christen und Muslimen

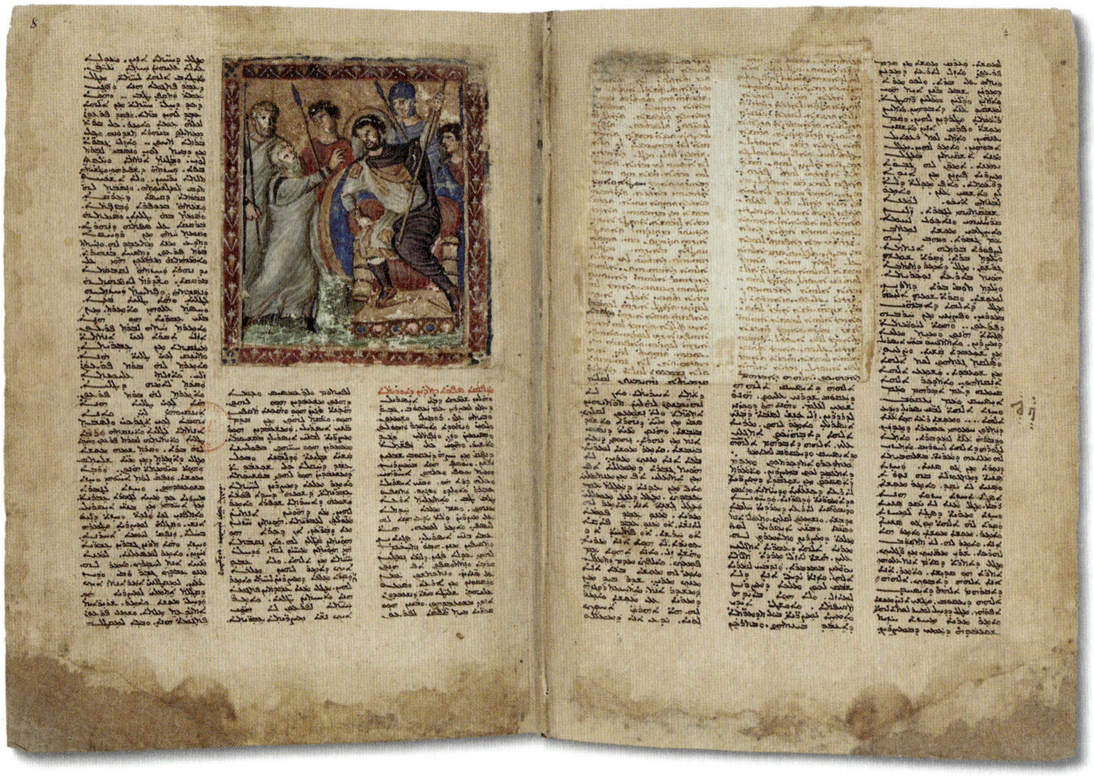

HEILIGE TEXTE
Links ist eine Seite einer illustrierten Bibel in syrischer Sprache zu sehen, die in Mesopotamien entstanden ist. Das Manuskript des Koran rechts ist auf Arabisch in der Hijazi-Schrift verfasst und stammt von der Arabischen Halbinsel. Beide Manuskripte gehen zurück auf die Zeit Mohammeds Ende des 6. bis Mitte des 7. Jahrhunderts

Luxor, am 31. Dezember 1977: Zum Abschluss eines Staatsbesuches lädt der damalige Präsident Ägyptens, Anwar al-Sadat, den deutschen Bundeskanzler Helmut Schmidt zu einer Reise von Luxor nach Assuan ein, zu einer Schiffsfahrt auf dem Nil. Es wird Nacht, und die beiden ziehen sich auf dem Oberdeck zu einem Gespräch zurück. Schmidt wird diese Stunden nie mehr vergessen – nicht wegen des großartigen nächtlichen Sternenhimmels, sondern wegen der Lektion in Sachen Bibel und Koran, die Sadat ihm erteilt. In seinem Erinnerungsband *Weggefährten* von 1996 hat Schmidt diese »Sternstunde« eines interreligiösen Gesprächs festgehalten.

Der Kanzler lernt etwas, das für jeden Staatsmann, der Friedenspolitik betreiben möchte, von großer Bedeutung ist: Bei allen Differenzen teilen die prophetischen Religionen in ihren heiligen Schriften gemeinsame Überlieferungen. »Die monotheistischen Religionen«, so habe Sadat ihm erklärt, hätten ihre »gemeinsamen geschichtlichen Wurzeln auf dem Sinai«. Der Ursprung des Glaubens an den alleinigen Gott aber liege bei Abraham: Juden, Christen und Muslime glaubten, von Abraham abzustammen.

Der erste der gemeinsamen großen Propheten sei Moses gewesen, aber auch die meisten anderen Hauptfiguren im Alten Testament erkenne der Koran an: Noah, Abraham, Ismael, Isaak, Jakob, Joshua, David, sogar Adam. Schmidt erfährt, dass Jesus der zweitwichtigste Prophet im Islam nach Mohammed sei. Sadat habe mit einem Unterton der Enttäuschung hinzugefügt: »Ihr Europäer wisst dies alles nicht.«

Im Jahr 610 sieht sich ein Mann namens Mohammed, geboren um 570 und aufgewachsen in der Handelsstadt Mekka auf der Arabischen Halbinsel, sozialisiert in der altarabischen Kultur und Religion seiner Heimat, mit Offenbarungen eines Gottes konfrontiert, die sich radikal von seinen religiösen Traditionen unterscheiden. Sie machen ihn zum Propheten dieses Gottes.

Um die empfangene Botschaft auszuschmücken, zieht dieser arabische Prophet nicht nur Überlieferungen aus seiner Kultur heran, die geprägt ist von polytheistischer Frömmigkeit, sondern auch religiöse Traditionen aus dem Umkreis der Arabischen Halbinsel: Überlieferungen jüdischer und christlicher Herkunft.

Von Anfang an kritisiert der Prophet jene, die statt des Gottes allein des »diesseitigen Lebens« gedenken, also gottvergessen leben und handeln. Ihnen wird in einer der frühesten Suren des Koran eingeschärft: »Das Jenseitig-Letzte aber ist besser und beständiger.« Bevor gewissermaßen die Quellenangabe folgt: »Das steht auf den früheren Blättern, den Blättern von Abraham und Moses«.

Der Koran, wörtlich »die Lesung«, ist nach muslimischem Verständnis die unverfälschte, direkte Rede Gottes. Autor jeder Sure ist demnach Gott allein. Darin unterscheiden sich Bibel und Koran: Juden und Christen verstehen ihre heilige Schrift zwar als Gottes Wort, das aber niedergeschrieben wurde von menschlichen Verfassern. Sowohl den prophetischen Büchern der hebräischen Bibel als auch den vier Evangelien des Neuen Testaments werden namentlich Autoren zugerechnet.

Die 114 Suren des Koran dagegen wurden nach muslimischem Glauben Mohammed offenbart – anfangs gilt ein »Geist der Heiligkeit« als Vermittler, später der Erzengel Gabriel. In zwei Abschnitten erfolgte die Offenbarung, dem mekkanischen und dem medinensischen: Der erste reicht vom Jahr 610 bis 622, der zweite von 622 bis 632. Auch das ist ein Unterschied: Im Vergleich zur Bibel ist es ein sehr enger Zeitraum.

Unter den Anhängern Mohammeds wurden die Suren anfangs mündlich weitergegeben. Im Laufe der Jahre haben einige islamische Gläubige, die des Schreibens mächtig waren, Dinge festgehalten. Die erste verbindliche schriftliche Kodifizierung des Koran stammt aus der Zeit des dritten Kalifen Uthman, der um 650 regierte.

Die Kalifen verstanden sich als Statthalter des Propheten. Bereits etwa 35 Jahre nach dem Tod Mohammeds ist eine verbindliche Sammlung des Textkorpus abgeschlossen und ein offizieller Standardtext des Koran erstellt.

Bis zur Zeit des Kalifen Abd al-Malik, der von 685 bis 705 regierte, wurden mehrdeutige Lesarten harmonisiert, die unter anderem durch die damals noch vokallose Schrift des Arabischen entstanden waren. Schließlich gab der Kalif mit seiner Autorität eine verbindliche Version heraus. Seitdem hat sich der Koran nicht mehr verändert.

Durch alle Suren ziehen sich Rückgriffe auf frühere Überlieferungen. Eine Sure, die in der späteren, der medinensischen Zeit entstanden ist, fasst dieses Selbstverständnis zusammen: »Wir glauben an Gott, an das, was zu uns, zu Abraham, Ismael, Isaak, Jakob und den Stämmen herabgesandt, was Moses und Jesus gegeben wurde, was den Propheten gegeben wurde von ihrem Herrn. Wir machen bei keinem von ihnen einen Unterschied.«

Trotz dieser Einordnung in jüdische und christliche Tradition schauten gerade Christen lange mit Argwohn auf den Koran: Die alte Apologie, also die Rechtfertigungslehre der Geistlichen, sah in ihm im Vergleich zur Bibel eine Nachahmung, einen »epigonalen« Text. Der Prophet Mohammed habe Biblisches irgendwo auf seinen Reisen mitbekommen, missverstanden und dann verzerrt oder falsch wiedergegeben. So haben sich Christen lange die Abweichungen von ihren Überlieferungen erklärt, die sie im Koran fanden.

Umgekehrt unterstellten Muslime Juden und Christen, den »Leuten der Schrift«, dass sie die Botschaft Mohammeds, des letzten Gesandten Gottes, ablehnen würden, weil sie ihre eigenen heiligen Schriften missverstanden und falsch ausgelegt hätten. Diese seien nun durch den Koran überholt und ersetzt worden. Viel Kraft und Zeit wurde investiert, um der Gegenseite vorzuwerfen, gerade sie verstehe die Bibel oder den Koran nicht richtig.

PLÖTZLICH PROPHET
Mohammed meditiert vor der Höhle Hira bei Mekka, da überrascht ihn der Erzengel Gabriel und offenbart ihm die ersten Suren des Koran. Den Geburtsmoment des Islam schmückt eine illustrierte persische Chronik Anfang des 14. Jahrhunderts farbenfroh aus

Inzwischen hat die Forschung präziser als in früheren Zeiten herausgearbeitet, dass der Koran – bei aller inhaltlichen und sprachlichen Eigenständigkeit – ein Text ist, der nicht nur in biblischer Tradition steht, sondern in ihr wurzelt. Das gesamte Korpus des Koran, so urteilte die Berliner Islamwissenschaftlerin Angelika Neuwirth 2014, sei ein »biblisch durchwirkter Text«.

In der Welt der ersten Hörer, also auf der Arabischen Halbinsel Anfang des 7. Jahrhunderts, muss sich vor der koranischen Verkündigung zumindest das Wissen um die Überlieferung der Juden und Christen verbreitet haben. Ein breites Spektrum biblischer und postbiblischer Traditionen war der Hörerschaft Mohammeds vertraut.

Das lässt sich indirekt schon daran erkennen, dass Überlieferungen, die biblischen Ursprungs sind, den Ersthörern der Suren nicht lange erklärt werden. Oft gibt es nur knappe Anspielungen: Ein Fingerzeig genügt, denn Mohammeds Adressaten hören diese Geschichten nicht zum ersten Mal. Sie dürften in Mekka um das Jahr 620 im Umlauf gewesen sein.

Wir wissen allerdings nicht, wie häufig, seit wann und wie sie dorthin kamen. Wir wissen auch nicht, wie gut Mohammed selbst die »Prophetengeschichten« im Detail kannte. Es sind »importierte« Geschichten, die das Glaubensbewusstsein der Menschen in Mekka und Medina erweiterten und Altarabien mit der Welt der nichtarabischen Völker verbanden.

In frühmekkanischer Zeit, also den ersten fünf Jahren von Mohammeds Verkündigung bis 615, sind Anspielungen auf Biblisches eher selten, sie finden sich nur in acht von 48 Suren, meist bezogen auf Personen wie Noah, Moses oder Abraham.

In den Suren der mittelmekkanischen Periode bis 620 und danach treten die Anknüpfungen dagegen deutlich in den Vordergrund, als »Lehrmaterial« und »Fallgeschichten«, um die koranische Botschaft zu unterstreichen. Vor allem die Stadt Jerusalem beginnt nun eine besondere Rolle für die muslimische Urgemeinde zu spielen – anfangs betete sie auch in die Richtung Jerusalems.

Mohammed verknüpfte seine Gemeinde mit dem alten Gottesvolk und verstand sich als arabischer Prophet in Kontinuität zu den Propheten des alten Israel, wobei Moses die stärkste Identifikationsfigur für ihn war. Er galt ihm als Kämpfer für den einen Gott, als Offenbarungsempfänger und Gesetzgeber in einer Person – ein Vorbild. Wie Moses trat Mohammed in Konflikt mit den religiösen und politischen Mächten. Der frühe Held Israels wurde für Mohammed zur entscheidenden Legitimationsfigur im Koran. Der Konflikt zwischen Moses und dem Pharao ist eine Urszene der Religionsgeschichte: Prophet und Herrscher ringen miteinander, es ist der Kampf zwischen Gottesmacht und Menschenmacht.

Wie tief sich die koranische Tradition mit der jüdischen und der christlichen verband, zeigt auch der Rang, den Stammvater Abraham im Koran einnimmt. Mehr als die anderen prophetischen Religionen definiert der Koran die muslimische Glaubensgemeinschaft als »Millad Ibrahim«, als »Religionsgemeinschaft Abrahams«. Sure 14 aus der mekkanischen Zeit trägt den Stammvater im Titel: Sie heißt »Ibrahim«.

In späterer, medinensischer Zeit werden Abraham und seinem Sohn Ismael – der im Koran eine größere Rolle spielt als Isaak – der Bau der Kaaba in Mekka und die Begründung der Wallfahrt dorthin zugeschrieben. Die Pilgerschaft ist zum Großteil eine Reinszenierung des biblischen Überlebensdramas von Ismael und seiner Mutter Hagar.

Auch vom biblischen Jesus erzählt der Koran und würdigt ihn als bedeutenden Propheten. Abgelehnt wird jedoch die christliche Vorstellung, Jesus sei Gottes Sohn, und ebenso die Idee von der christlichen Dreifaltigkeit aus Vater, Sohn und Heiligem Geist.

Es steckt also eine Menge Bibel im Koran. Wann, wie und von wem Mohammeds Gemeinde diese Geschichten übermittelt bekommen hat, ist bis heute ungeklärt. Als der Koran entstand, gab es noch keine Bibelübersetzung ins Arabische. Das gilt auch für das Neue Testament, das damals nur in griechischer und syrischer Fassung vorlag. Und es gab in Mohammeds Heimatstadt Mekka auch keine jüdischen und christlichen Gemeinden.

In Medina hingegen siedelten zu Mohammeds Zeiten drei jüdische Stämme, die dort auch ein beträchtliches politisches, gesellschaftliches und ökonomisches Gewicht hatten. Und Mekka war ein zentraler Handels- und Wallfahrtsort mit der Kaaba im Zentrum. Von daher erscheint es plausibel, dass es Kontakte zu Händlern oder Reisenden aus Medina gab und Mohammed und seine Ersthörer die biblischen Überlieferungen als mündlich vorgetragene Geschichten kennenlernten. In abgewandelter Form gaben sie diese Geschichten schließlich weiter. Aus diesem Grund haben sie im Koran eine andere Gestalt als in der Bibel.

Der in Münster lehrende muslimische Philosoph und Theologe Ahmad Milad Karimi fasst den Transfer von der Bibel in den Koran so zusammen: Der »atmosphärische Geist der Bibel« habe sich »durch den Koran ins Leben des Propheten Mohammed eingeschrieben. Der Ewige lässt den Propheten an der biblischen Wirklichkeit teilhaben.«

Eine neue Bibel ist der Koran aber nicht, und das will er auch gar nicht sein. Der Koran hat einen ganz anderen Sprachduktus, er ist anders aufgebaut und weniger umfangreich. Aber er ist eben doch biblisch. »Der Prophet selbst«, so schreibt Karimi, sei »eine postbiblisch-biblische Erscheinung«.

Der Koran fordert sogar den positiven Wettstreit unter Juden, Christen und Muslimen, um Gottes Botschaft zu verstehen: »Streitet mit dem Volk der Schrift nur auf die beste Art«, heißt es in Sure 29, »unser Gott und eurer ist einer.« Mohammed selbst hat es so gesagt: »Wenn du über das, was wir zu dir hinabgesandt haben, in Zweifel bist, dann frage die, die schon vor dir die Schrift vorgetragen haben!« Damit sind Juden und Christen gemeint.

Positiv gewendet, kann man den Koran als Neulektüre der Bibel verstehen und die Bibel als wichtigsten Bestandteil der koranischen Überlieferung. So hat es seinerzeit, nach seiner Sternstunde mit Sadat, auch Helmut Schmidt erkannt und später, 2011 in einem Buchbeitrag, noch einmal festgehalten: »In vielen Teilen bezieht sich das Neue Testament auf die Tora, und der Koran bezieht sich in vielen Teilen auf die Tora und das Neue Testament. Ich muss zugeben, dass ich in der Schule oder in der Kirche nie etwas über diese unbestreitbaren Tatsachen erfahren habe.« Er fürchte, so schreibt Schmidt, dass die meisten Christen auf der Welt und ebenso die meisten Juden und Muslime nie etwas über die gemeinsamen Ursprünge ihrer Religionen erfahren haben. In allen drei Weltreligionen hätten »Priester und Kirchen, Mullahs und Rabbis uns Laien ein angemessenes Wissen über die anderen beiden Religionen vorenthalten. Stattdessen haben sie [...] gelehrt, feindselig über die anderen beiden Religionen zu denken, ob wir nun als Juden, als Muslime oder als Christen aufgewachsen sind. Dies ist eine der großen Tragödien der Menschheit.« ■

»ZÄHLE DIE STERNE« Abraham, Stammvater von Judentum, Christentum und Islam, blickt ins Himmelszelt. Laut Bibel sagt Gott ihm, er werde so viele Nachkommen haben, wie er Sterne sehe. Illustration aus einer christlichen Handschrift aus dem 6. Jahrhundert

KARL-JOSEF KUSCHEL
ist Professor em. für Theologie der Kultur. Er lebt in Tübingen

Imperium im Handstreich

Kaum hundert Jahre nach Mohammeds Tod ist der Islam eine Weltmacht. Der erstaunliche Siegeszug der arabischen Eroberer reißt Grenzen ein und bringt Reiche zu Fall. Welche Rolle spielt dabei der Glaube? VON MARKUS FLOHR

ATTACKE DER ARABER: Erschrocken weichen die Christen zurück – so stellt eine katalanische Illustration aus dem 14. Jahrhundert die Schlacht am Jarmuk im Jahr 636 dar

Als Mohammed 632 stirbt, ist seine Nachfolge nicht geregelt. Seine Anhänger haben den Propheten wohl für unsterblich gehalten. Was wird nun aus der Gemeinde? Mohammeds Söhne sind vor ihm verstorben, die Töchter kommen nicht infrage, auch der Koran bietet keinen Anhaltspunkt. Ging der Prophet womöglich davon aus, dass das Weltende noch zu seinen Lebzeiten eintreten werde? Das legt die apokalyptische Erwartung einiger Koransuren nahe. Die allerdings stammen eher aus der frühen Phase in Mekka. Zum Zeitpunkt von Mohammeds Tod in Medina warten die Muslime nicht mehr andächtig auf das Weltende, sondern haben sich bereits erfolgreich darangemacht, »das Diesseits so zu ordnen, wie man es für Gottes Willen hielt«, schreibt der Kieler Islamwissenschaftler Lutz Berger.

Zuerst bestehen die Gemeinden in Mekka und Medina noch darauf, jeweils eigene Anführer zu wählen, doch schließlich einigt man sich: Abu Bakr, einer der ältesten Prophetengenossen und der Schwiegervater Mohammeds, wird sein erster Nachfolger. Später nennt man ihn auch den ersten Kalifen. So bleiben die Stämme geeint, deren Zwiste Mohammed beendet hatte – wodurch er ihnen auch eine militärische Schlagkraft verlieh, die sie vorher nicht besaßen.

Es ist die neue, von Mohammed gestiftete Religion, die Grundlage ihrer Einheit ist. In einer Region, in der um 600 noch keine Staatlichkeit existiert, etabliert der aufstrebende Islam eine politische Ordnung, die über den Stammesverbänden steht. Zwar kommt es nach dem Tod Mohammeds zum Abfall einiger Gruppen, doch die Abtrünnigen werden bald unterworfen. Gemeinsam ziehen die ersten Muslime danach in den Krieg, zu Beutezügen auch jenseits der Arabischen Halbinsel.

Bis zum Jahr 750, innerhalb von nur 120 Jahren, erobern sie ein Gebiet, das von Marokko und Spanien bis an die Ströme Indiens reicht, vom Kaukasus bis zum Golf von Aden. In ihrem neuen Reich liegen Städte wie Toledo und Karthago, Alexandria und Jerusalem, Damaskus und Bagdad, Mekka und Medina, Samarkand und Kabul. Wie war dieser Siegeszug möglich?

Der Erfolg dieser Expansion beruhte auch auf der Schwäche der Gegner. Im 7. Jahrhundert war die geopolitische Ordnung am östlichen Mittelmeer und in Arabien aus den Fugen geraten: Von 602 bis 628, fast 30 Jahre lang, führten die beiden Supermächte dieser Zeit Krieg gegeneinander, das Oströmische Reich, auch das Byzantinische genannt, und das Reich der persischen Sassaniden.

626 scheiterten die Sassaniden an der Eroberung Konstantinopels. Bis 628 hatten die Römer ihre Gegner wieder bis ins Zweistromland nahe dem heutigen Bagdad zurückgeschlagen. Der Krieg schwächte die Großmächte und ihre Verbündeten im Norden der Arabischen Halbinsel. Deren Herrschaft hatte auf Subsidien der Großmächte beruht, die nun ausblieben. Auch das begünstigte den Aufstieg des Islam.

Dank ihres einenden Glaubens, zunächst auch dank des Charismas des Propheten, war die neue religiöse Gemeinschaft der Muslime deutlich stabiler und kampfkräftiger als die Stammesgesellschaften Arabiens zuvor. Dass der Islam dann auch den Tod des Propheten überdauerte, hatte vor allem zwei Gründe: Zum einen diente seine Lehre in Form des Koran auch weiterhin als ideologischer

Kitt. Zum anderen expandierte die Gemeinschaft schnell militärisch.

Es stand reicher Lohn in Aussicht, wenn man ihr angehörte. Ohne Koran und Beute hätten die ersten Muslime wohl nicht zusammengehalten. Im Zweifel hätte auch die neue Religion nicht überlebt. Der Islam habe »den Kampf um Sieg und Beute zum Einsatz ›auf dem Wege Gottes‹« erhöht, schreibt die Berliner Islamwissenschaftlerin Gudrun Krämer: »Spirituelles Heil und materielles Wohl fielen somit tendenziell in eins.«

Im Römischen Reich, das seit mehr als 200 Jahren christlich geprägt war, unterschätzte man anfangs die Eroberungen der Muslime an der östlichen Reichsgrenze. Die Statthalter in der Levante deuteten sie fälschlicherweise als nomadisches Bandenunwesen. Vom Krieg mit den Sassaniden ausgezehrt, waren die Truppen des Kaisers unfähig, diese Raubzüge zu unterbinden, die Kontrolle über das Land war ihnen entglitten.

Als die Römer den Ernst der Lage erkannten, war es zu spät: Sie zogen Kräfte zusammen, vor allem Soldaten ihrer nordarabischen Klienten-Herrscher. Doch 636 beim Jarmuk am Golan, einem Nebenfluss des Jordan, und zwei Jahre zuvor bei Adschnadain, das wohl in der Nähe von Jerusalem lag, wurde das römische Heer aufgerieben. 638 übergab Sophronius, römischer Patriarch von Jerusalem, den Muslimen die Heilige Stadt. Schon 634/35 war Damaskus gefallen.

Gegen die Sassaniden hatten die Araber bereits 637 bei Kadesia im heutigen Irak eine entscheidende Schlacht gewonnen und stießen danach bis in den Sindh vor, eine Region im heutigen Pakistan.

Warum die Angreifer aus Arabien militärisch derart überlegen waren, lässt sich kaum noch rekonstruieren. Ihre leichte Bewaffnung und ihre Reitkünste könnten eine Rolle gespielt haben. Klar ist, dass die arabischen Reiter besonders motiviert angriffen und leicht Verstärkung aus der Tiefe der Arabischen Halbinsel aufbringen konnten. Ein anderer Grund mag der Schrecken gewesen sein, den sie wohl bewusst verbreiteten: Gerade zu Beginn ihrer Eroberungen in Palästina und in Syrien machten sie keine Gefangenen. »Wer sich nicht unterwarf, sah dem Tod ins Auge«, schreibt Islamwissenschaftler Berger. »Für die Zivilbevölkerung erschien angesichts solcher Perspektiven und der offenkundigen Schwäche der Römer die Unterwerfung die klügere Wahl.«

Als der römische Kaiser Herakleios seine Verbände um 636 über den Taurus nach Anatolien zurückzog, konnten die Muslime die Städte der Levante relativ ungestört erobern. Danach teilte sich ihr Heer: Eine Streitmacht zog nach Norden, Richtung Anatolien, und setzte Herakleios nach. 678 und noch einmal 718 scheiterten Muslime daran, Konstantinopel zu erobern.

Der Islam bringt manchen Christen mehr Freiheit

Die andere Streitmacht wandte sich nach Süden, Richtung Ägypten. Das Römische Reich konnte zur Verteidigung seiner nordafrikanischen Provinzen kaum noch Gegenwehr organisieren: Zwischen 640 und 642 nahmen die muslimischen Reiter das Gebiet des heutigen Kairo ein, Alexandria und das Nildelta.

Bis 650 eroberten sie auch Libyen, 670 gründeten sie in der römischen Provinz »Africa« das Heerlager Kairouan, von dem aus sie die weitere Eroberung Nordafrikas, des Maghreb, steuerten. Die Verbände blieben in ihren Lagerstädten nicht allein: Angesichts ihres Erfolgs rückten weitere Gruppen aus Arabien nach. Auch wechselten Besiegte die Seiten: Im Maghreb waren dies vor allem Angehörige der Berberstämme, die dort lebten.

694 gelang es den Eroberern, das Gebiet des heutigen Tunesien zu unterwerfen, 698 fiel ihnen die alte Stadt und Festung Karthago in die Hände. 711 setzte eine muslimische Armee nach Gibraltar über und führte einen ersten erfolgreichen Feldzug auf der Iberischen Halbinsel. Befehligt wurde sie von Tarik Ibn Sijad, einem Berber aus dem heutigen Tunesien, der zum Islam konvertiert war und sich den Eroberern angeschlossen hatte. Nach ihm ist der Ort der Landung bis heute benannt: Aus dem arabischen »Dschabal-Tar(ik)«, dem Berg Tariks, wurde im Laufe der Zeit »Gibraltar«.

Der Erfolg der muslimischen Expansion ist nicht allein durch die einende Kraft der Religion zu erklären. Es kam hinzu, dass sie kaum mit Aufständen zu kämpfen hatten. Ihre anfangs relativ lockere Herrschaft gab den Eliten der Unterworfenen, insbesondere auf dem Gebiet des Römischen Reiches, eine Autonomie zurück, die diese zuvor verloren hatten.

Neben der neuen Lehre verbreiteten die Muslime mit dem Schwert vor allem ihre politische Herrschaft und ihre Steuerforderungen. »Für diese aufzukommen war die Sache der Bauern, und beim Eintreiben der Steuern waren die unterworfenen Eliten gerne behilflich, zumal ein größerer Teil als zuvor auch vor Ort wieder ausgegeben wurde«, schreibt Lutz Berger.

Die Religion dagegen betrachteten die Araber zunächst als ihr Monopol. Gott hatte *ihnen* den Islam und die Herrschaft über die Welt geschenkt. Andere gedachten sie daran nicht teilhaben zu lassen. Die Bekehrung neuer Untertanen haben sie in den ersten Jahrzehnten eher eingeschränkt als gefördert.

Gleichgültig war den Eroberern, welcher Variante des Christentums die Unterworfenen anhingen. Das unterschied sie von den spätrömischen Kaisern, die erbittert gegen »Häresien« wie den Arianismus oder die monophysitischen Glaubensgemeinschaften kämpften. Christen und Juden, die »Schriftbesitzer«, wurden zur Zahlung einer Abgabe herangezogen, dafür erhielten sie sogenannten Schutz, die *dhimma.* Es entstand eine Distanz der Herrschaftselite zu den neuen Untertanen, die für aufsteigende Imperien typisch ist. Sie begründete, argumentiert Berger, »die Stabilität frühislamischer Herrschaft über eine große Mehrheit Andersgläubiger«.

Die Haltung der Christen in den Jahrzehnten nach der Eroberung erscheint

NACH OSTEN UND WESTEN: Zwischen 622 und 750 erobern Muslime von Arabien aus ein Gebiet, das sich über drei Kontinente erstreckt. Die Zeit der antiken Mittelmeer-Reiche ist endgültig vorüber

widersprüchlich: Aus Überlieferungen der Zeit geht hervor, dass sich offenbar viele Angehörige der christlichen Elite nach wie vor mit den Römern identifizierten. Doch sie nahmen auch den Wohlstand und Frieden wahr, den etwa Syrien unter der Herrschaft der Kalifen in der zweiten Hälfte des 7. Jahrhunderts erreichte. Widerstand gegen die islamische Eroberung hatte in den ersten Jahrzehnten jedenfalls selten eine religiöse Motivation.

Im zweiten Drittel des 8. Jahrhunderts kam die Expansion des Islam vorerst ins Stocken, in Zentralasien ebenso wie in Südfrankreich. Das hatte vor allem mit Geopolitik zu tun: Dem Islam standen nun Herrscher expandierender Reiche mit einer gewissen Schlagkraft gegenüber. In Asien war dies die chinesische Tang-Dynastie, in Mitteleuropa war es das Reich der Karolinger, und im Südosten weiterhin das Oströmische Reich.

Das Ende der Expansion hing schließlich mit einem sozialen Wandel in der muslimischen Welt zusammen, streicht der Islamwissenschafter Berger heraus: »Manche Nachkommen der Kämpfer der ersten Generation wollten nicht mehr im Heer dienen, sondern zogen das Zivilleben in den Städten der islamischen Welt vor«, die dank der Steuern der Bauern florierten. Viele wurden wegen politischer Unzuverlässigkeit aus dem Heer ausgeschlossen. Die Zahl der Soldaten nahm ab. Für weitere Kriegszüge fehlte das Personal.

Nach dem Ende der Expansion zerfiel vom 9. Jahrhundert an das Kalifat. Die arabischen Eroberer waren in ihrem neuen Zuhause in Al-Andalus im heutigen Spanien und anderswo heimisch geworden und befanden sich dort nicht mehr so eindeutig in der Minderheit wie zuvor, da sie zunehmend von großen Gruppen von Konvertiten unterstützt wurden. Es war kein unbedingter Zusammenhalt aller Muslime im Kalifat mehr erforderlich.

Im 9. Jahrhundert wurde die Zentralregierung der Kalifen, die sich damals in Bagdad befand, von einem Aufstand ostafrikanischer Sklaven erschüttert, der mehrere Jahrzehnte andauerte. Damit brach die Steuergrundlage der Kalifen weg, die auf der Arbeitskraft der Landwirtschaft beruht hatte. »Die Führungsrolle der Kalifen«, schreibt Lutz Berger, »der Nachfolger des Propheten in politischer wie religiöser Hinsicht, wurde überflüssig.« Die politische Macht zersplitterte, vor allem das Emirat und später Kalifat von Córdoba wurde zum Konkurrenten der Dynastie der abbasidischen Kalifen in Bagdad. Die Deutungshoheit über die Religion wiederum reklamierten religiöse Gelehrte: Sie nahmen für sich in Anspruch, die wahren Erben des Propheten zu sein.

Christliche und jüdische Untertanen blieben von alldem weitgehend unberührt. Ihr Bekenntnis wurde geduldet, soweit sie die Vorrangstellung der Muslime akzeptierten und ihre Kopfsteuern zahlten. »Pogrome und Zwangsbekehrungen waren die seltene Ausnahme«, schreibt Lutz Berger. Aber: »Die politische, soziale und bald auch kulturelle Dominanz des Islam« habe dazu geführt, dass die Zahl der Andersgläubigen langsam abnahm. ■

MARKUS FLOHR *ist Redakteur von ZEIT Geschichte*

»Keine Planke zu Wasser«

Die Seefahrt ist den Eroberern aus Arabien fremd. Doch bald greifen sie die Küsten des Mittelmeeres an VON MARKUS FLOHR

ABWEHRKAMPF
Raffaels Fresko inszeniert die Niederlage arabischer Angreifer im Hafen von Ostia im Jahr 849 als Strafe Gottes

Den ersten Muslimen ist das Meer nicht geheuer. Ihr Prophet Mohammed soll gesagt haben, es sei schlicht die Hölle. Umar, der zweite Kalif, der von 634 an in Damaskus regiert, rät seinen Kriegern von der Seefahrt ab. So ist es kein Zufall, dass ein großer Teil der frühen islamischen Expansionszüge auf dem Landweg geschehen, an Küsten entlang. Die Eroberer sind Reiter und stammen aus den Wüstenlandstrichen der Arabischen Halbinsel. Über das Mare Nostrum, wie die Römer das Mittelmeer nannten, herrscht um 630 Ostrom, auch Byzanz genannt, mit einer mächtigen Flotte. Doch die Muslime lernen schnell: Bald kopieren sie ihre Gegner.

Unter dem späteren Kalifen Muawiya, dem ersten Omaijaden, bauen sie Schiffe, und wohl um 648 haben sie eine Flotte. Nicht einmal 50 Jahre nach dem Tod Mohammeds belagern sie von 674 bis 678 zum ersten Mal die oströmische Hauptstadt Konstantinopel. Vorerst ohne Erfolg.

Etwa 170 Jahre später, im August 846, überfällt eine muslimische Kriegsflotte Ostia an der Mündung des Tiber und hält danach auf Rom zu, Herz und Haupt der römischen Christenheit. Die Angreifer haben damals wohl von Sizilien aus übergesetzt. Von den Römern werden sie wie alle Muslime »Sarazenen« genannt. Da die Peterskirche zu dieser Zeit noch vor den Mauern Roms liegt, ist sie eine leichte Beute: Sie wird geplündert und verwüstet. Die Stadt selbst attackieren die Muslime nicht. Ihr Angriff aber schickt Schockwellen durch Europa.

Als bald erneut »Sarazenen« vor Ostia auftauchen, haben der Papst und eine Liga italienischer Hafenstädte mit Neapel und Amalfi an der Spitze eine Flotte organisiert. Sie wehren die Angreifer ab. Angeblich versenkt danach ein Sturm die Schiffe der Muslime. Die Seeschlacht des Jahres 849 verewigt der Renaissance-Künstler Raffael im 16. Jahrhundert, als Europa von den

Türkenkriegen erschüttert wird, in einem dramatischen Fresko, das heute im Apostolischen Palast zu sehen ist.

Der Griff nach Rom misslingt damals. Doch die arabisch-muslimischen Eroberer haben im Laufe des 8. Jahrhunderts einen beeindruckend großen Teil des Mittelmeeres an sich gebracht. Nicht nur die südlichen Küsten sowie die Iberische Halbinsel beherrschen sie und bauen dort islamische Gemeinwesen auf; sie attackieren auch empfindlich die Kontrolle der Byzantiner, der Venezianer und anderer christlicher Mächte über Inseln und Seerouten des Meeres.

Im Jahr 824 landen Muslime auf Kreta, 827 auf Sizilien, 870 auf Malta, um 900 auf Sardinien, Korsika und den Balearen. Im Laufe des 9. Jahrhunderts stoßen arabische Piraten in der Adria bis kurz vor Venedig vor. Sogar in der südlichen Provence erobern Muslime um 900 einen Brückenkopf; ihre Beutezüge führen sie von dort wohl bis an den Rhein. Außerdem greifen sie Süditalien an. Um die Hafenstädte Bari und Tarent errichten Muslime um 860 eigenständige, wenn auch kurzlebige Emirate. In Kampanien und Kalabrien übernehmen sie vorübergehend die Macht.

Weiter kommen die Muslime nicht mehr. Zwischen 827 und 1061 beherrschen sie Sizilien, was neben dem muslimischen Spanien, Al-Andalus, den Höhepunkt des Ausgreifens ins christliche Europa darstellt.

Historikerinnen und Historiker sind bis heute uneins, wie der damalige Krieg ums Mittelmeer zu deuten ist. War es überhaupt ein Krieg? Ein Dschihad gegen die Christen? Gab es eine Strategie, das Meer in einen islamisch beherrschten Raum zu wandeln? Oder ging es um Piraterie, Raub und Beutezüge? Der belgische Historiker Henri Pirenne vertrat bereits in den 1920er-Jahren die These, dass es die islamische Expansion am Mittelmeer war, die das eigentliche Ende der Antike bedeutet habe – und nicht etwa die Völkerwanderung im 4. bis 6. Jahrhundert oder die Plünderung Roms um 410 durch die Westgoten. Mohammed und der Islam seien es gewesen, die das europäische Mittelalter mit hervorgebracht hätten und damit zu einem guten Teil auch das, was wir heute unter Europa verstehen. Pirennes Hauptwerk dazu, das erst 1937 posthum erschien, trägt den Titel *Mahomet et Charlemagne,* Mohammed und Karl der Große.

Pirenne argumentierte, das war durchaus neu, vor allem wirtschaftlich: Die arabisch-muslimische Expansion habe das Mittelmeer als Handelsraum zerrissen und damit die klassische Welt des Altertums zerstört. So sei der Handel mit Goldmünzen in Europa durch die neue Trennung zeitweise zum Erliegen gekommen, ebenso der Handel mit Papyrus.

Tatsächlich hatte sich das römische Weltreich an den Küsten des Mittelmeeres ausgebreitet. Es war dieses Meer, das Handel, Kommunikation und Krieg ermöglichte. Das Korn, mit dem Brot in Rom gebacken wurde, stammte zum Beispiel aus Ägypten oder Sizilien. Die Soldaten der Armee, die Legionäre, hob Rom an dem einen Ende seines Reiches aus und ließ sie am anderen für sich kämpfen. Roms Macht beruhte auf der Kontrolle der See von Gibraltar bis zum Bosporus. Auch die Wiege der Christenheit war dieses Meer.

Durch die muslimische Expansion, so Pirenne, sei es zur Grenze und Frontlinie geworden. Der arabisch-nordafrikanische Gelehrte Ibn Chaldoun schrieb im 14. Jahrhundert, die Christen hätten im Mittelmeer bald »keine Planke mehr ungehindert zu Wasser bringen können«.

Was seine Thesen zum Handel betrifft, ist Pirenne heute weitgehend widerlegt. Neuere Forschungen haben gezeigt, dass dieser nicht zum Erliegen kam, sondern auf andere Routen auswich. Ein Wechsel der Handelsplätze ist wohl auch der Grund dafür, dass weniger Papyrus in Europa zu finden war. Zudem ging der Seehandel über das Mittelmeer schon im 6. Jahrhundert zurück, also vor der Expansion, wie auch das Ende der Goldwährung in Europa früher kam.

Pirennes Argumentation hat aber noch eine Seite, die sperriger ist, weil sie nicht etwa durch Funde widerlegt werden kann: Er beschreibt die Expansion als Dschihad, als Verbreitung einer sozialen und religiösen Ordnung, die auf dem Niederreißen der vorherigen aufbaute. Um es anders zu sagen: Die von Norden einfallenden germanischen Völker romanisierten sich, als sie ins Römische Reich vorstießen; die Römer dagegen wurden arabisiert, als sie vom Islam unterworfen wurden. »An der Küste des Mittelmeers«, so Pirenne, »breiteten sich […] zwei verschiedenartige, einander feindliche Zivilisationen aus.«

Tatsächlich spielte die Idee des Dschihad auch im Seekrieg eine Rolle: Als eine muslimische Flotte im Sommer 827 aus dem Emirat der Aghlabiden im heutigen Tunesien aufbricht, das damals byzantinisch-christliche Sizilien zu erobern, geht dem eine theologische Debatte voraus. Es ist der Religionsgelehrte Asad al-Furat, der den Angriff auf die Insel als Auftrag Allahs darstellt und seinen eher skeptischen Emir überzeugt, den Dschihad zu verkünden und Schiffe auszurüsten. Die Propaganda verfängt: Anders ist schwer zu erklären, dass der Versuch, Sizilien für den Islam zu erobern, nicht abgebrochen wird, obwohl er nach der Landung im Sommer 827 nur sehr schleppend verläuft. Eroberung und Rückeroberung, Belagerung und Rückzug wechseln sich ab: Palermo fällt 831, Taormina als letzte christliche Bastion gar erst 902. Von Westen kolonisieren die Eroberer die Insel, muslimische Siedler ziehen nach, die Bevölkerung wird versklavt. Als das Emirat von Sizilien gefestigt ist, beginnen von hier Attacken auf das italienische Festland – wie jene 846 und 849 auf Rom.

Eine Ironie der Geschichte ist, womit der Angriff auf Sizilien begann: Der byzantinische Flottenkommandeur Euphemios wollte mithilfe der Muslime nach der Macht auf Sizilien und im Reich greifen, sie sollten seine Werkzeuge sein. Das misslang: Schon bald war es umgekehrt und noch 827 starb Euphemios in einem Hinterhalt. Es war also ein Christ, der zumindest diesen Dschihad herbeirief. ■

MARKUS FLOHR *ist Redakteur von ZEIT Geschichte*

»Die herrliche Zierde der Welt«

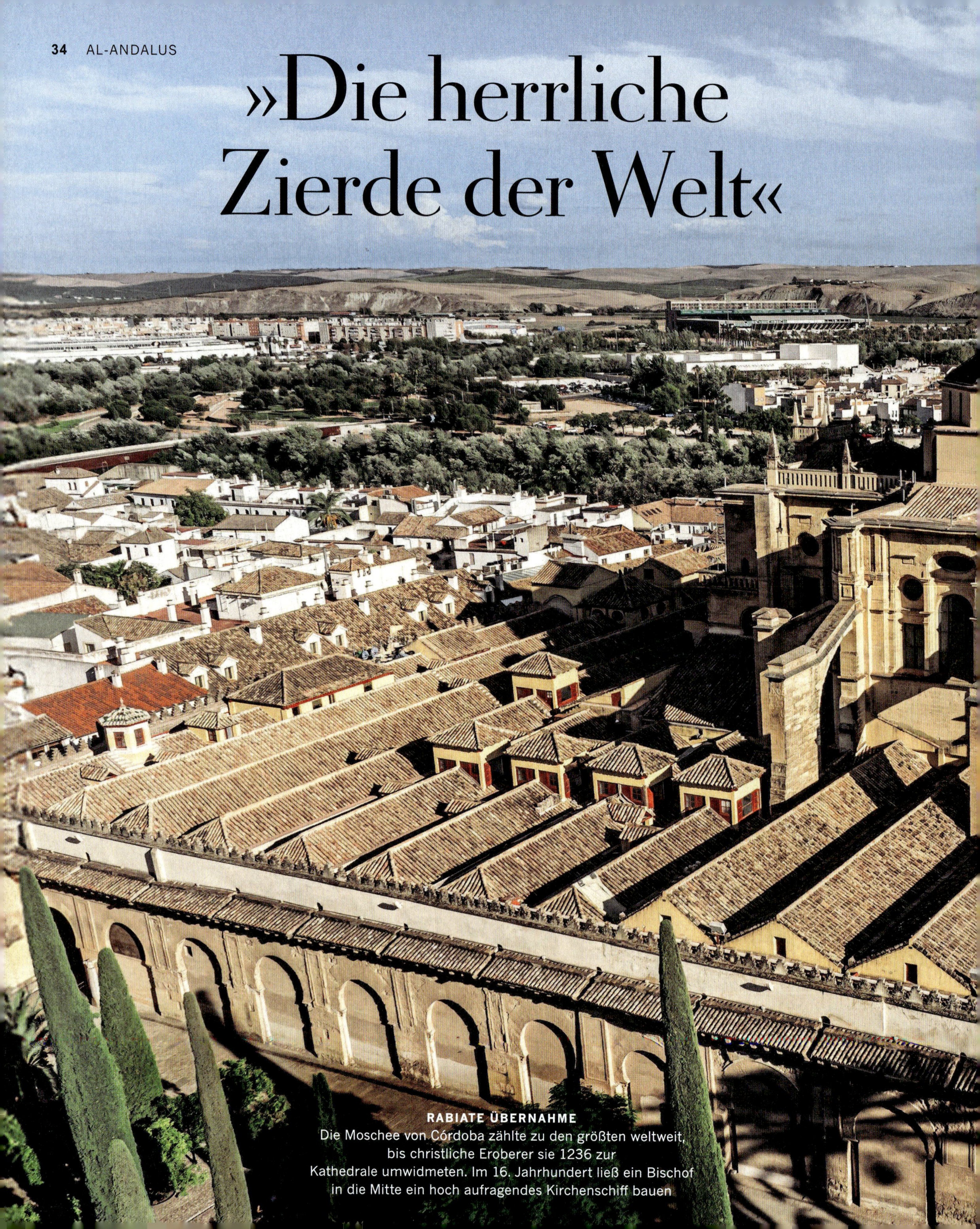

RABIATE ÜBERNAHME
Die Moschee von Córdoba zählte zu den größten weltweit, bis christliche Eroberer sie 1236 zur Kathedrale umwidmeten. Im 16. Jahrhundert ließ ein Bischof in die Mitte ein hoch aufragendes Kirchenschiff bauen

Im Mittelalter herrschen Muslime auf der Iberischen Halbinsel. Das europäische Kalifat erlebt eine Kulturblüte und gilt als religiös tolerant. Wie viel Freiheit genießen Andersgläubige dort?

VON SAMUEL RIETH

EDLE GABE
Dieses reich verzierte Gefäß aus Elfenbein entstand im Jahr 968. Vermutlich war es ein Geschenk an einen Sohn des ersten Kalifen von Córdoba

Auf Nachfrage betont Isaak, er sei weder betrunken noch wahnsinnig. Eigens hat der Christ einen muslimischen Richter aufgesucht, um ihm Ungeheuerliches ins Gesicht zu sagen: Mohammed sei ein falscher Prophet und schmachte in der Hölle. Isaak ist sich darüber im Klaren, welche Strafe ihm droht. Auch die Dutzenden seiner Glaubensbrüder und -schwestern, die es ihm gleichtun werden, wissen genau, was die Scharia für dieses Vergehen vorsieht. Absichtlich verstoßen sie gegen das islamische Gesetz, um als Märtyrer zu sterben. Sie verunglimpfen den Propheten Mohammed – und werden öffentlich enthauptet.

Zahlreich sind sie nicht, die Märtyrer von Córdoba, die in den Jahren 850 bis 859 hingerichtet werden. Doch sie stiften Unruhe in Al-Andalus. So nennen die Muslime ihren Machtbereich auf der Iberischen Halbinsel, über den sie damals bereits seit mehr als einem Jahrhundert gebieten. Nie haben die Herrscher versucht, ihren christlichen Untertanen den Islam aufzuzwingen. Christen und Juden gelten laut Koran ebenfalls als »Völker des Buches«, die zwar Irrlehren folgen, aber auch Wichtiges mit den Muslimen teilen – wie den Glauben an einen einzigen Gott und an den Tag des Jüngsten Gerichts. Gemäß der Scharia sind sie *dhimmis,* »Schutzbefohlene«: Sie werden geduldet, müssen eine Sondersteuer zahlen, dürfen aber innerhalb ihrer Gemeinschaft nach eigenen Gesetzen leben und ihren Glauben behalten.

Wozu also dieser selbstmörderische Protest? Die Märtyrerbewegung im 9. Jahrhundert verrät viel darüber, wie groß die Glaubensfreiheit in Al-Andalus ist – und wo deren Grenzen liegen.

Mit Al-Andalus wird bis heute eine beispielhafte Toleranz gegenüber Andersgläubigen verbunden. Mögen die Geschichtsbücher strotzen vor Feindschaft, Verfolgung und Ausgrenzung, die der Anspruch, im Alleinbesitz der Wahrheit zu sein, über die Welt gebracht hat: Von hier glimmt ein Licht der Hoffnung durch die Jahrhunderte. In Al-Andalus, so heißt es, gelingt den Anhängern von Kreuz und Halbmond, was anderswo allzu oft misslingt – ein friedliches Zusammenleben. Hier haben auch religiöse Minderheiten das Recht, den eigenen Gott anzubeten. »Ein Modell für die Koexistenz von Traditionen und Überzeugungen« hat der Mitbegründer der postkolonialen Theorie Edward Said Al-Andalus genannt, die Romanistin María Rosa Menocal sprach von einem »Vorbild für unsere Zeit«.

Zuweilen wirkt es, als würde Al-Andalus zu einer Halbinsel der Seligen verklärt, während andere es als islamischen Fremdkörper verdammen – auf einem urchristlichen Kontinent, den erst die »Reconquista«, die christliche Rückeroberung, wieder in seinen vermeintlichen Naturzustand zurückversetzt habe. Dabei ist die Geschichte von Al-Andalus weit mehr als ein kurzes Zwischenspiel: Fast acht Jahrhunderte währt die muslimische Herrschaft in Iberien, von 711 bis 1492. Sie überspannt den größten Teil jenes Millenniums, das die europäische Geschichtsschreibung das Mittelalter nennt.

Als Araber und nordafrikanische Berber im frühen 8. Jahrhundert weite Teile der heutigen Staaten Spanien und Portugal erobern, kommen sie nicht als bewaffnete Missionare. Eine neue arabische Elite ersetzt die bisherige westgotische Herrschaftsschicht, und nicht nur der Koran, auch machtpolitischer Pragmatismus legt es nahe, den zahlenmäßig weit überlegenen christlichen Einheimischen die eigene Religion zu belassen. Zumal die Sondersteuer zuverlässig die Kassen füllt.

Zunächst bildet Al-Andalus den Westrand des gewaltigen Kalifats, das die in Damaskus beheimatete Omaijaden-Dynastie errichtet hat. Doch im Jahr 750 wird sie von einem neuen Herrschergeschlecht gestürzt, den Abbasiden. Ein Omaijaden-Prinz entkommt dem Massaker, flieht nach Al-Andalus und übernimmt dort die Macht. Als Abd ar-Rahman I. gründet er ein Emirat mit Córdoba als Hauptstadt, das zumindest nominell noch der Oberherrschaft des Abbasiden-Kalifats untersteht.

Doch sein Nachkomme Abd ar-Rahman III. lässt sich 929 selbst zum Kalifen ausrufen. Theoretisch beansprucht er so die Herrschaft über alle Muslime, praktisch bedeutet es: Al-Andalus ist nun offiziell ein eigenständiges Reich. Und was für eines: Unter seinen Emiren und Kalifen erlebt es »eine kulturelle und wirtschaftliche Blüte, die alles in den Schatten stellt, was das christliche Europa im Mittelalter erreicht hat«, schreibt der Islamwissenschaftler Alfred Schlicht.

Das erste (und einzige) europäische Kalifat ist eine Großmacht – verbunden mit dem Rest der islamischen Welt durch Handelswege und die arabische Sprache als Lingua franca. Nicht nur der Handel floriert, auch die Landwirtschaft wirft hohe Erträge ab, mithilfe aus Nordafrika eingeführter Bewässerungssysteme. Um Córdoba entstehen prachtvolle Paläste; die dort ansässigen Gold- und Silberschmiede, Elfenbeinschnitzer und anderen Kunsthandwerker haben alle Hände voll zu tun. Auch arabische Dichter, Sänger und Musiker scharen sich an den Residenzen der Herrscher. Als so freigeistig und sinnesfreudig gilt die höfische Kultur, dass konservative Imame murren.

STILGETREUE PRACHT
Den Aljafería-Palast in Saragossa aus dem 11. Jahrhundert ließen christliche Herrscher später erneuern und erweitern. Dabei behielten sie den Baustil der iberischen Muslime bei, der sich etwa an den Säulenornamenten und an der prunkvollen Decke des Thronsaals (unteres Bild) zeigt

GLOCKEN STATT MUEZZIN
Die Giralda, der Turm der Kathedrale von Sevilla, war ursprünglich ein Minarett, erbaut im 12. Jahrhundert

»Die herrliche Zierde der Welt« sei diese Stadt, »ob ihres Prunkes weitbekannt, auch prächtig in allen Dingen«, muss um 955 sogar Roswitha von Gandersheim anerkennen. Die christliche Stiftsdame und Dichterin sieht das ferne Córdoba zwar nie mit eigenen Augen, aber sein Ruf reicht bis zu ihr ins heutige Niedersachsen. Córdoba ist damals die vielleicht größte Stadt Europas, weder Paris noch London können mithalten, womöglich nicht einmal Konstantinopel. Es ist ein Zentrum nicht nur der Macht, sondern auch der Wissenschaft und Philosophie; 400.000 Bände soll die Bibliothek der Kalifen angeblich zählen. Wie anderswo in der islamischen Welt wird das Wissen der griechischen Antike hier geschätzt, in arabischer Übersetzung bewahrt und in Teilen fortentwickelt. Astronomen erforschen die Himmelskörper, Gelehrte analysieren, welche Bodenarten und Methoden die Ernte steigern.

Zu dieser Zeit, im 10. Jahrhundert, bilden Muslime erstmals die Mehrheit der Bevölkerung von Al-Andalus. Es ist wohl vor allem dieser Umbruch, gegen den die Märtyrer von Córdoba um 850 aufbegehren. Ihr Protest richtet sich vermutlich stärker gegen das Verhalten ihrer Glaubensbrüder als gegen die Muslime. Denn damals konvertieren immer mehr Christen zum Islam. Das erspart nicht nur die Zahlung der Sondersteuer, sondern erleichtert den sozialen Aufstieg. Die Mehrzahl der Christen legt den alten Glauben ab, was bedeutet, dass die allermeisten Muslime in Al-Andalus weder Invasoren noch Einwanderer sind, sondern einheimische Konvertiten.

Und viele Christen, die ihren Glauben behalten, passen sich an: Sie verzichten auf Schweinefleisch, lassen sich beschneiden und sprechen Arabisch. Von Muslimen sind sie kaum mehr zu unterscheiden. Nicht wenige Christen dienen den Herrschenden als Beamte, Steuereintreiber oder Soldaten. Auch wenn laut Scharia Andersgläubige keine Macht über Muslime ausüben dürfen: Christen und Juden sind als Staatsdiener besonders begehrt, weil sie nicht dem vielschichtigen Clan- und Stammesgeflecht der Araber und Berber angehören – und ohne großes Aufheben ihres Postens enthoben werden können.

»Es waren gerade die Nähe zwischen Christen und Muslimen und die Komplexität und Ambivalenz ihrer Beziehungen, die zu den Märtyrertoden führten«, meint die Historikerin Jessica Coope. Die Todeswilligen möchten wohl ein Zeichen setzen – gegen die zunehmende Assimilation und für die eigene Religion, die immer mehr an Boden verliert. Viele sorgen sich zudem um ihr Seelenheil und hoffen, dass ihnen dieses Opfer einen Platz im Himmelreich garantiert.

Unter den Märtyrern finden sich nicht nur Menschen, die gezielt den Islam verunglimpfen: Einige haben religiös gemischte Eltern und bekennen sich trotzdem öffentlich zum Christentum – worauf ebenfalls die Todesstrafe steht. Zwar dürfen Muslime Christinnen heiraten, christliche Männer allerdings keine muslimischen Frauen. Qua Geburt gilt ein Kind solcher Eltern wie sein Vater als muslimisch, auch wenn es sich dem Glauben seiner Mutter näher fühlt. Wer sich dann als Christ bekennt, fällt vom

Islam ab. Und Religionswechsel sind in Al-Andalus nur in eine Richtung möglich: Christen und Juden können zum Islam konvertieren, doch ein Muslim, der seinen Glauben ablegt, hat sein Leben verwirkt.

Auf Geheiß der Obrigkeit treten die Bischöfe von Al-Andalus zu einem Konzil zusammen: Sie untersagen es Christen, um des Glaubens willen die eigene Hinrichtung zu provozieren. Bis 859 werden etwa 50 christliche Männer und Frauen enthauptet, von denen fast alle bewusst den Tod gesucht haben.

Manche Christen verlassen Al-Andalus und ziehen in die christlichen Reiche im Norden der Halbinsel. Die verbliebenen »Schutzbefohlenen« leben keineswegs als Gleiche unter Gleichen. Dem Gesetz nach dürfen sie keine öffentlichen Prozessionen abhalten, sich nicht kleiden wie Muslime und müssen ihnen auf der Straße Platz machen. Auch der Bau von Kirchen ist reglementiert. Manche Vorschriften werden nicht streng durchgesetzt, je nach Willkür und Großmut des amtierenden Herrschers.

Auch Al-Andalus ist also kein multireligiöses Paradies, in dem jeder frei nach seiner Fasson selig werden kann. Allein Christen und Juden dürfen an ihrem Glauben festhalten, gegen eine Art Schutzgeld und innerhalb der Grenzen, die die Herrschenden setzen – mitunter markiert durch das Schwert des Henkers. Von Religionsfreiheit im heutigen Sinn ist Al-Andalus weit entfernt, ebenso von den Gleichheitsvorstellungen einer modernen Demokratie.

Das zeigt auch der Sklavenhandel, denn das islamische Reich ist ein Umschlagplatz nicht nur für Waren und Ideen, sondern auch für Menschen. Kastrierte müssen als Palasteunuchen herhalten, Mädchen und Frauen die Harems der Herrscherelite vergrößern. Sklaven dienen am Kalifenhof, auf Landgütern oder als Soldaten; manche steigen in einflussreiche Positionen auf. Viele Unfreie sind importierte, von Christen aus dem Osten Europas verschleppte Slawen, andere auf eigenen Feldzügen erbeutete Gefangene. Denn Al-Andalus ist häufig in Kriege mit den christlichen Nachbarreichen verstrickt.

Auch im Inneren kommt es kaum zur Ruhe. Regelmäßig brechen Aufstände und Machtkämpfe aus, wenn etwa Berber oder Nachfahren konvertierter Iberer gegen die Araber aufbegehren oder Rivalitäten innerhalb der Elite eskalieren. Nicht umsonst fürchten muslimische Autoren damals Zwietracht und Spaltung als Hauptgefahr für die Stabilität. Mit den christlichen und jüdischen Minderheiten haben solche Sorgen selten etwas zu tun.

Die Juden erleben unter der muslimischen Herrschaft sogar eine jahrhundertelange Blütezeit, die als »goldenes Zeitalter« gilt. Früher, unter westgotischer Herrschaft, wurden sie unterdrückt: Viele wurden zwangsgetauft und standen womöglich kurz vor der Versklavung. In Al-Andalus genießen sie »Entfaltungsmöglichkeiten wie nie zuvor in der Geschichte ihrer postbiblischen Diaspora«, schreibt der Sprachwissenschaftler Georg Bossong. Anders als in vielen christlichen Reichen zwingt man Juden hier nicht in Ghettos oder schließt sie von etlichen Berufen aus.

STERNVERMESSER
In Toledo wurde 1067 dieses Astrolabium aus Messing gefertigt: Damit konnten die Positionen von Himmelskörpern bestimmt werden

KOSTBAR UND SCHARF
Das Schwert mit vergoldetem Griff und Stahlklinge stammt aus dem Emirat von Granada. Dort wurde es im 15. Jahrhundert geschmiedet

Das goldene Zeitalter bringt einflussreiche Denker hervor wie Salomo ibn Gabirol, den »jüdischen Platon«. Damals beginnt zudem die Wiederbelebung des Hebräischen, das zur bloßen religiösen Schriftsprache verblasst war. Gleichzeitig verschafft die arabische Sprache auch jüdischen Gebildeten Zugang zur geistigen und politischen Welt des islamischen Reiches.

Granada gilt im 11. Jahrhundert als »Stadt der Juden«, weil sie etwa ein Viertel der 25.000 Haushalte ausmachen. Dem dortigen Herrscher dient der Jude Joseph ibn Naghrela sogar als Wesir, als eine Art Regierungschef. Doch im Dezember 1066 ermorden Muslime ihn und viele weitere Juden, laut manchen Angaben sterben 1.500 Familien. Einige Forscher werten die Bluttat als antisemitisches Pogrom, andere deuten sie als Akt der Rache an dem Wesir und dessen angeblichen Verbündeten, da er sich mit einem auswärtigen Fürsten verschworen und nach der Macht über Granada gegriffen haben soll.

Zu dieser Zeit ist das Kalifat von Córdoba bereits Geschichte. 977 hat dort Al-Mansur, ein begabter Feldherr und kluger Diplomat, de facto die Macht anstelle des minderjährigen Thronerben übernommen. Der Regent ist so fromm, dass er angeblich stets einen Koran bei sich trägt und wissenschaftliche und philosophische Werke aus der Kalifenbibliothek verbrennen lässt.

Wenige Jahre nach seinem Tod bricht 1009 die *fitna* über das Land herein, eine Zeit der »Verwirrung«, in der heftige Machtkämpfe und Bürgerkriege toben. Der letzte Kalif wird im Jahr 1031 gestürzt, Al-Andalus zersplittert in mehr als 30 Kleinkönigreiche. Sie messen sich auf dem Schlachtfeld, aber auch in den Künsten und Wissenschaften. Ähnlich wie bei den italienischen Stadtstaaten der Renaissance nährt gerade dieser Wettbewerb eine erneute Kulturblüte, zu deren Zentren Städte wie Sevilla, Granada, Valencia und Saragossa gehören. Dennoch sind die Reiche zu schwach, um auf Dauer zu bestehen.

Der Geist relativer Toleranz schwindet, lange bevor die islamische Herrschaft auf der Iberischen Halbinsel untergeht. Als die christlichen Reiche im Norden erstarken und 1085 Toledo erobern, bittet ein muslimischer Fürst einen Verband von Berbern aus Nordafrika um Hilfe, die glaubensstrengen Almoraviden. Die erhören den Ruf, zwingen die Teilreiche von Al-Andalus jedoch unter ihre eigene Gewalt. Sie erhöhen die Steuern für die »Schutzbefohlenen« und verschleppen viele Christen nach Nordafrika.

Als ihre Herrschaft binnen weniger Jahrzehnte wieder zerfällt, werden sie von einer islamischen Glaubensbewegung, den Almohaden, verdrängt. Auch sie hat ihren Ursprung im Maghreb, ihr Anführer wird von seinen Anhängern als Mahdi verehrt, als gottgesandter Erlöser. Die Almohaden erringen um 1150 die Macht über das verbliebene Al-Andalus und verschärfen nicht nur die Diskriminierung von Christen und Juden, sondern bekämpfen auch Muslime, die von der angeblich reinen Lehre abweichen. Dennoch sind sie mehr als blindwütige Fundamentalisten. So genießt anfangs Ibn Ruschd, auch Averroes genannt, ihre Gunst – einer der bedeutendsten Denker, die Al-Andalus hervorgebracht hat. Er versucht, die rationalistische Logik von Aristoteles mit dem Islam zu vermählen. Was in den religiösen Schriften nicht mit der Vernunft in Einklang zu bringen ist, deutet er als Allegorie. Doch dann fällt er in Ungnade und wird vom Hof verbannt. Die neue Zeit verlangt nach Theologen, nicht nach Philosophen.

Für die Almohaden ist Al-Andalus – wie schon für die Almoraviden – eher ein Anhängsel ihres nordafrikanischen Reiches, auf dem ihr Hauptaugenmerk liegt. Im Jahr 1212 beginnt ihre Herrschaft auf der Iberischen Halbinsel zu bröckeln. 1236 fällt Córdoba, die einstige Weltzierde des Kalifats, in die Hände der christlichen Eroberer, die auf dem Vormarsch sind.

Bis zum endgültigen Untergang im Jahr 1492 bleibt von Al-Andalus nur mehr ein Rumpf, ein schrumpfendes Emirat um Granada, im äußersten Süden der Halbinsel. Dort aber entsteht das bekannteste Bauwerk, das die islamische Ära im heutigen Spanien hinterlässt. Zwar erwähnen arabische Quellen bereits im 9. Jahrhundert eine Festung auf dem Hügel über der Stadt, die wegen ihrer rötlichen Lehmmauern Alhambra genannt wird, »die Rote«. Doch erst vom 13. Jahrhundert an geben die Emire von Granada ihr die heutige Gestalt. Die Herrscher lassen sie weitgehend neu errichten, eine Anlage, groß wie eine Stadt, trutzig und prächtig zugleich, mit majestätischen Torbögen und filigranen Reliefs, Wasserbecken in sonnigen Innenhöfen, dem von zwölf marmornen Raubkatzen bewachten Löwenbrunnen, dazu Gärten mit Früchten, Palmen und Granatapfelbäumen, wie sie der Koran im Paradies verheißt.

Das berühmteste Relikt der iberischen Muslime entstammt also dem Epilog ihrer jahrhundertelangen Geschichte. Es ist ein Monument jener Zeit, in der Al-Andalus schon einen Großteil seiner Macht verloren hat – aber noch nicht all seinen Glanz. ■

SAMUEL RIETH *ist Redakteur von ZEIT Geschichte*

Teil 2

Ringen um die Macht – vom Mittelalter bis in die Neuzeit

VORHANG AUF
Ein Christ und ein Muslim spielen Schach. Die Illustration aus dem »Buch der Spiele«, das König Alfons X. von Kastilien und León um 1280 in Auftrag gibt, soll die Verschränkung der beiden Kulturen zeigen

Wenn der Papst zum Krieg ruft

Eine christliche Streitmacht marschiert um 1095 ins Heilige Land. Sie folgt dem Aufruf des Kirchenoberhaupts – doch dem geht es nicht nur um einen Kampf gegen Muslime

VON DOROTHEA WELTECKE

Deus vult, »Gott will es!« Ein Schlachtruf der Kreuzfahrer ist Teil der populären Mittelalterkultur, der unschuldigen und der nicht so unschuldigen. Im 19. Jahrhundert verknüpften Europäer mit dieser Rückbesinnung die Hoffnung auf nationale Größe. Damals schon radikalisierten sich Teile der modernen Kreuzzugsbewegung, wie der Sektengründer Adolf Joseph Lanz und dessen Anhänger. Seine rassistischen, pseudohistorischen Schriften werden gegenwärtig wieder gelesen.

Nach den Anschlägen vom 11. September 2001 sind Kreuzzugssymbole wieder in Mode gekommen – und sie sind es bis heute. Der amerikanische Kriegsminister Pete Hegseth, der sich *Deus vult* auf den Arm tätowieren ließ, betrachtet den Islam als apokalyptischen Gegner schlechthin. In Deutschland haben die AfD und Pegida die Parole verwendet – und damit Kritik der großen Kirchen provoziert. Für diese sind die Kreuzzüge ein Symbol eines islamophoben Christentums, das der Vergangenheit angehören sollte.

Aber entspricht dieser Blick auf die Kreuzzüge überhaupt der Realität? Selbst im politisch geschärften Kirchenrecht des Mittelalters durfte man Nichtchristen nicht einfach umbringen, und sie konnten ihre Ländereien durchaus rechtmäßig besitzen. Die Kreuzzüge waren auch nicht der Kampf der Christen aus dem lateinischen, von der Papstkirche geprägten Europa um Syrien und Palästina, obwohl dies den historischen Fakten zumindest etwas näherkommt.

Gegner in diesen neuartigen, von den Päpsten initiierten Kriegen waren diejenigen, die man als Feinde Christi und der römischen Kirche definierte. Das konnten Muslime sein, die die heiligen Stätten, vor allem Jerusalem, beherrschten, aber zum Beispiel auch die Albigenser, als irrgläubig geltende Christen in Südfrankreich. Auch die Hussiten wurden mit einem Kreuzzug überzogen – christliche Adlige in Böhmen und Mähren, die 1415 gegen die Verbrennung des Reformpredigers Jan Hus als Ketzer protestiert und einen Aufstand angezettelt hatten. Potenziell konnte jeder politische Gegner des Papstes als Feind Christi und der Kirche betrachtet werden.

CHRISTUS VORAN
Jesus selbst führt die Kreuzritter auf dieser französischen Buchmalerei aus dem 14. Jahrhundert in die Schlacht

Darin, dass die Kreuzzüge sehr häufig gegen getaufte Christen gerichtet waren, ähneln sie den islamischen Dschihaden, die nicht selten als Krieg gegen Muslime geführt wurden.

Die Vorstellung, dass die Kreuzzüge allgemein ein Kampf des Christentums gegen den Islam gewesen seien, ist also wissenschaftlich nicht gedeckt. Aber diese Vorstellung hat eine lange Tradition. Schon Voltaire hat sie in einer kirchenkritischen Schrift vertreten. Islamophobe Kreuzfahrer der Gegenwart folgen also der Theorie eines Philosophen, der das Christentum als einen Gegner von Vernunft und Freiheit und als die fanatischste Religion von allen beurteilt hatte.

Unser Blick auf die Kreuzzüge wird getrübt durch mythischen Nebel und durch kulturelle Vereinnahmungen. So war es von Anfang an, schon als Papst Urban II. im November des Jahres 1095 auf dem Konzil in Clermont zu seiner Schlusspredigt ansetzte und zum Kreuzzug aufrief. In diesem Augenblick hatte der Papst keine Ahnung, was ein Kreuzzug einmal sein würde. Vermutlich war es abgesprochen, dass sich einige adlige Zuhörer Kreuze aus Stoff auf ihre Mäntel hefteten. Was sich anschließend ereignete, entglitt Urban II. jedoch, bevor es überhaupt richtig begonnen hatte.

Der Papst strebte nach Handlungsfähigkeit in einem zerstrittenen, gespaltenen Europa. Ihm standen mächtige Bischöfe und Heinrich IV. entgegen, der Kaiser des Heiligen Römischen Reiches, sowie der kaisertreue Gegenpapst Clemens III. Das Schisma in der lateinischen Welt, die Spaltung der Kirche, hatte schon seit 15 Jahren zu Streit um kirchliche Weihen und zu Krieg geführt. Daher schien es eine gute Idee, die Bitte des oströmischen Kaisers Alexios I. Komnenos um militärische Hilfe gegen die Seldschuken zu unterstützen.

Die türkische Dynastie der Seldschuken hatte ein Imperium vom Iran bis Kleinasien errichtet, war Ende des 11. Jahrhunderts allerdings bereits durch interne Auseinandersetzungen geschwächt. Kaiser Alexios seinerseits war beständig in Abwehrkämpfe gegen christliche, heidnische und muslimische Gegner verwickelt und suchte Verbündete. Deshalb hatte er im Frühjahr 1095 einen Gesandten auf die Synode des Papstes in der oberitalienischen Stadt Piacenza geschickt, wenige Monate vor dem Konzil in Clermont.

Urban II. sah eine Chance, seinen angefochtenen Anspruch auf das Papsttum und seine Autorität über die Herrscher Europas durchzusetzen, indem er sich die Anerkennung des oströmischen Kaisers und des orthodoxen Patriarchen von Konstantinopel sicherte. Außerdem wollte er damit – unter seinem Vorsitz natürlich – die lateinischen und griechisch-orthodoxen Kirchenhierarchien einen, die sich schon seit 1054 im Schisma befanden. Es hatte immer schon lateinische Söldner in byzantinischen Diensten gegeben. Aber jetzt galt es, eine ganze Streitmacht für den oströmischen Kaiser aufzubieten, die die Autorität des Papstes kraftvoll unter Beweis stellen würde.

KRIEGSPREDIGT: Auf dem Konzil in Clermont ruft Papst Urban II. die Gläubigen 1095 zum Kreuzzug auf

Die Franken waren stolz auf ihre militärische Kompetenz. Der Bericht des Chronisten Robert der Mönch aus der fränkischen Königsstadt Reims betont dies ausdrücklich. Niemand anders als die tapferen Franken sei in der Lage, die gefährlichen Gegner aus Persien zu besiegen, schrieb Robert nieder, was der Papst in Clermont gesagt haben soll. Die Franken seien das von Gott auserwählte Volk und würden die heiligen Stätten befreien.

Genau kennen wir Urbans Worte nicht, über seine Predigt wurde in unterschiedlichen Fassungen berichtet. Als Robert seine Geschichte aufschrieb, stand er bereits unter dem Eindruck des völlig Unerhörten, das nach dem Konzil geschehen war und das er sich nicht als menschengemachtes Ereignis denken wollte. Bald machten sich Massen auf den Weg, mehrere Zehntausend Menschen. Nur mit Mühe wurden sie von militärischen Anführern und einem päpstlichen Legaten kontrolliert.

Nach wenigen Monaten wälzten sich Ströme von Menschen Richtung Jerusalem, unter ihnen Ritter in glänzendem Harnisch, aber auch militärische Laien ohne hinreichende Ausrüstung und genügend Geld. Auf dem Weg plünderten sie Märkte; es kam zu Scharmützeln mit der Bevölkerung und zu Judenpogromen.

Kaiser Alexios I. war davon nicht begeistert. Was da heranrückte, hatte er nicht gewollt. Unter den Kreuzfahrern waren auch die Normannen aus Süditalien. Deren Eroberungszüge in sein Reich hatte er 1085 nur mithilfe des römisch-deutschen Kaisers Heinrich IV. zurückschlagen können. Nun überquerten sie als Getreue des Papstes (obwohl sie auch Rom 1084 tüchtig verwüstet hatten) die Adria.

Alexios versuchte, das Unternehmen zu seinen Gunsten zu lenken, doch es gelang ihm nie, das Heilige Land für das Oströmische Reich zurückzugewinnen. Zwar vertrieben die Kreuzfahrer die ägyptischen Besatzer, die erst kurz zuvor die Seldschuken besiegt und Jerusalem eingenommen hatten. Aber sie zwangen auch den griechischen Patriarchen, den Hüter der heiligen Stätten und einen der ranghöchsten Würdenträger der byzantinisch-orthodoxen Kirche, die Stadt zu verlassen.

Alexios' Tochter Anna spielte deshalb Jahrzehnte später in ihrer biografischen Erzählung über den Kaiser dessen lateinische Bündnisinteressen herunter. Als sie gegen

1140 ihr Werk schrieb, war die Welt eine andere geworden. Besatzer aus dem lateinisch geprägten Europa hatten sich in Syrien und Palästina eingerichtet und dort mehrere Kreuzfahrerstaaten gegründet. Die lokalen muslimischen Herrscher waren noch zu uneinig, um ihnen wirksamen Widerstand entgegenzusetzen.

Zur Empörung der Orthodoxen, der griechisch- und arabischsprachigen Christen, setzten die Kreuzfahrer die orthodoxen Bischöfe in ihren Herrschaftsgebieten ab. Nicht nur Juden und Muslime, sondern auch die einheimischen orthodoxen Christen wurden nun rechtlich schlechtergestellt als die Eroberer. Die widerstreitenden Interessen der westlichen Fürsten und Päpste auf der einen und der byzantinischen Kaiser und Heerführer auf der anderen Seite belasteten die Beziehungen untereinander und zementierten die Trennung zwischen lateinischer und griechisch-orthodoxer Kirchenhierarchie. Daran hat sich bis heute nichts geändert.

Der Widerstand der Muslime formierte sich erst 1144 unter der Führung von Generälen, die sich aus der Herrschaft der Seldschuken gelöst hatten und nach eigener Macht strebten. Um den Sturz von Konkurrenten zu legitimieren und den Furor anzustacheln, folgten sie ihrerseits muslimischen Kriegspredigern und machten sich zum Werkzeug eines geheiligten Kampfes. Den Heerführern Nur ad-Din und Saladin, »Licht des Glaubens« und »Schwert des Glaubens«, gelang es, die auf Arabisch als »Franken« bezeichneten Einwanderer zurückzuwerfen. 1187 konnte Saladin Jerusalem zurückerobern und den Felsendom von den christlichen Symbolen des Tempelritterordens befreien.

Nach 1095 setzten Päpste wiederholt neue Kreuzzüge in Marsch. Zu den Heerscharen gehörten Profiteure, aber auch Idealisten, die alles dafür aufs Spiel setzten. Die Mobilisierung gelang den Päpsten mit dem Argument, dass Jerusalem bedroht sei – auch wenn dies zum Beispiel beim zweiten Kreuzzug von 1147 überhaupt nicht der Fall war. Bei den Aufrufen half nicht zuletzt jene außergewöhnliche Zusage, die die Zuhörer in Clermont missverstanden hatten und die Papst Urban II. später nicht mehr zurücknehmen wollte oder konnte: Nicht nur weltliche Sündenstrafen wie Geldzahlungen oder das Fasten sollten den Kreuzfahrern erlassen werden, sondern auch die himmlischen Strafen, die im Jenseits abzugelten sein würden.

ANSTURM: Noch bevor die Kreuzfahrer Jerusalem erreichen, erobern sie 1098 die Stadt Antiochia in der heutigen Türkei

Damit ging der Papst weiter, als es die Patriarchen von Konstantinopel je getan hätten. Diese hatten selbst die Forderung des byzantinischen Kaisers abgelehnt, das Töten im Kampf als aus Gottes Sicht verdienstvoll zu rechtfertigen. Es war nicht ungewöhnlich, im Krieg die himmlischen Mächte auf der eigenen Seite zu wähnen und Heerführer als göttliche Werkzeuge zu betrachten. Aber die Päpste führten als einzige Oberhäupter in der Welt der mittelalterlichen Kirchen Europas, Afrikas und Asiens eigene Kriege.

Das war möglich, weil die lateinische Kirche 1095 bereits seit mehr als einem Jahrhundert militarisiert worden war. Ausgehend von der Region Auvergne, in der Clermont liegt, hatten Bischöfe zum Schutz der Bevölkerung eigene Milizen aufgestellt, denn die Königsmacht war zu schwach, um die Menschen vor Überfällen adliger Herren zu schützen.

Diese Milizen kämpften also längst für Gott und Christus gegen Übeltäter und für den Frieden. Es gab bereits einen Kampf im Dienst der Kirche, den Urban in seiner Predigt aufgreifen konnte.

Eine ähnliche, große Miliz hatte er offenbar aufstellen und sie mit der Pilgerschaft nach Jerusalem besonders motivieren wollen. Wie die Forschung lehrt, hat Propaganda jedoch nur dann Erfolg, wenn sie auf eigene Interessen trifft, die sich einspeisen lassen. Hier traf sie auf eine Bevölkerung, die von dem Wunsch nach eigener Initiative am Heilsgeschehen erfüllt war, auf selbstlose Getreue und ebenso auf machthungrige Heerführer.

Manche Kreuzzüge waren allerdings gar nicht von den Päpsten sanktioniert oder verliefen gegen ihre Absichten, wie der vierte im Jahr 1204, bei dem zum Entsetzen des Kirchenoberhaupts Konstantinopel geplündert wurde. Andere Aufrufe der Päpste verhallten nahezu wirkungslos, zum Beispiel als es im 15. Jahrhundert darum ging, das Oströmische Reich vor den Osmanen zu retten. ■

DOROTHEA WELTECKE
ist Professorin für die europäische Geschichte des Mittelalters an der Humboldt-Universität Berlin

Der späte Sieg

Für die islamische Welt des Mittelalters sind die Kreuzzüge eher ein Nebenschauplatz. Zum Sinnbild eines »Kampfes der Kulturen« werden sie erst Jahrhunderte später stilisiert VON ARNFRID SCHENK

Als das große Abschlachten vorbei war, feierten die Christen Gottesdienst. Am Abend des 15. Juli 1099, in den Straßen von Jerusalem sollen sich abgeschlagene Köpfe und Hände getürmt haben, das Blut nicht nur von muslimischen Kämpfern, sondern auch von Frauen und Kindern soll knöchelhoch vor den Mauern der Al-Aksa-Moschee gestanden haben, da versammelten sich die Kreuzfahrer und lobpreisten ihren Gott. Der erste Kreuzzug hatte sein Ziel erreicht: Jerusalem war wieder in christlicher Hand.

Die Pilger Christi, die Papst Urban II. im November 1095 gerufen hatte, müssen bei der Eroberung der Stadt gewütet haben wie Teufel. Arabische wie lateinische Quellen berichten von Zehntausenden Toten. Noch ein halbes Jahr nach ihrer Erstürmung habe die Heilige Stadt nach Tod und Verwesung gestunken, berichtet ein Zeitgenosse. Der erste Kreuzzug wurde zu dem wohl am häufigsten beschriebenen Ereignis des Mittelalters, sagt Thomas Asbridge. Der britische Historiker und andere Forscher haben die Opferzahlen heute deutlich nach unten korrigiert.

Bis 1291 konnten die Kreuzfahrerstaaten sich in der Levante auf islamischem Boden halten, sei es in Akkon, Tripolis oder Antiochia. Ein halbes Jahrhundert sollte es dauern, bis den Muslimen der erste Gegenschlag gelang und sie Edessa einnahmen, fast weitere 50 Jahre, bis Saladin Jerusalem zurückeroberte.

Jerusalem, seit 638 in muslimischer Hand, war nicht irgendeine Stadt, sie gilt auch im Islam als heilig, laut Überlieferung soll hier der Prophet Mohammed seine Himmelfahrt absolviert haben. Dennoch war der Widerhall auf die Kreuzzüge in der islamischen Welt eher gering. Erst Jahrzehnte später gab es wenige, knappe Beschreibungen, 1220 dann eine erste ausführlichere Chronik. Wie kommt es, dass die Mehrheit der muslimischen Zeitgenossen eher gleichgültig blieb? Niederlagen mögen ungern besungen werden, Chronisten widmen sich lieber den Siegen. Aber das Desinteresse hat tiefergehende Gründe.

Die islamische Welt reichte zu jener Zeit von Nordindien über den Maghreb bis nach Spanien – sie war damit größer als das Römische Reich zu seinen besten Zeiten. Für die überwiegende Mehrheit der Muslime waren der Verlust von Jerusalem oder Edessa weit entfernte Grenzzwischenfälle, eher Randphänomene als weltenstürzende Ereignisse. Die muslimischen Zentren lagen in Kairo, Bagdad und Córdoba, nicht in Damaskus oder Jerusalem.

So groß die Bedeutung der Kreuzzüge für Europa war: Für die islamische Welt waren sie »nur *ein* Element der sich verschärfenden Konfrontation mit den Christen im erweiterten Mittelmeerraum«, schreibt die Islamwissenschaftlerin Gudrun Krämer. Auch in Andalusien, auf Sizilien und in Anatolien nahmen zu dieser Zeit die Auseinandersetzungen zu.

ANGRIFF DER STEPPENKRIEGER
Mit Bögen und Belagerungsgerät attackieren die Mongolen 1258 Bagdad. Die Darstellung entstand im 14. Jahrhundert

SALADINS SIEG
Nach ihrer Niederlage in der Schlacht bei Hattin 1187 werden der christliche König von Jerusalem und dessen Ritter dem muslimischen Feldherrn Saladin (mit Zepter) als Gefangene vorgeführt

Wie war es überhaupt möglich, dass ein Heer von überschaubarer Größe und ohne Nachschubbasis – beim Sturm auf Jerusalem sammelten sich etwa 1.300 Ritter und 12.000 Fußsoldaten – Kreuzfahrerstaaten in der Levante errichten konnte?

Man darf sich die damalige islamische Welt nicht als einen einheitlichen Block vorstellen; Palästina und Syrien waren zu Schauplätzen von Auseinandersetzungen zwischen Schiiten und Sunniten geworden, das Seldschukenreich war in viele konkurrierende Kleinstaaten zerbrochen. So blieb eine geschlossene militärische Reaktion der Muslime aus. In der Levante war den Territorialherrschern die Verteidigung eigener Interessen wichtiger als eine gemeinsame Front gegen die »Franken«. Während der knapp 200-jährigen Zeit der Kreuzfahrerstaaten kam es sogar zu kurzfristigen Bündnissen zwischen muslimischen Fürsten und den »Ungläubigen«. All das machte es den Eroberern leicht. Die Mauern, die sie überwinden mussten, bröckelten bereits.

Gudrun Krämer sieht Parallelen zu den *futuh,* den unglaublich schnellen und raumgreifenden Eroberungen der arabischen Muslime Anfang des 7. Jahrhunderts. Auch damals waren regionale Mächte geschwächt durch dynastische Streitigkeiten. Hinzu kommt bei der Abwehr der Kreuzfahrer: Die Muslime erkannten zu spät, mit wem sie es zu tun hatten. Zwar mögen sich bei den Eroberern materielle mit religiösen Motiven vermischt haben, aber es waren keine Söldner, die sich auf einen kurzen Beutezug eingelassen hatten, sondern größtenteils hoch motivierte Kämpfer, die sich nicht nur der Eroberung, sondern auch der Besiedlung der Levante verschrieben hatten.

»Kämpft, ich beschwöre euch, um das Heil eurer Seelen [...]. Wahrhaft selig seid ihr, wenn ihr hier erschlagen werdet. Das Tor zum himmlischen Königreich steht bereits jetzt für euch offen. Wenn ihr überlebt als Sieger, wird euch glänzender Ruhm unter den Christen zuteil«: So lautete ein Aufruf vor der Schlacht. Für viele Fromme eine Win-win-Situation.

Der Kalif in Bagdad, bloß dem Titel nach noch Anführer aller Gläubigen, war nicht nur geografisch weitab vom Geschehen. So blieb der Hilferuf einer Gesandtschaft, die im Spätsommer 1099 nach Bagdad eilte und am Hof über das Leid der Muslime in der Levante klagte, folgenlos. Auch als die Kreuzfahrer Fürstentümer zwischen Anatolien und dem Jordanland errichteten, gab es keine Unterstützung aus Bagdad. Ein zeitgenössischer irakischer Chronist resümiert lakonisch, dass »die Herrscher untereinander uneins waren [...] und also wurden die Gebiete von den Franken erobert«.

Spätere Generationen sahen die Kreuzzüge nur als ein mehr oder weniger belangloses Zwischenspiel: Man hatte Schlachten verloren, aber den Krieg gewonnen und die Kreuzfahrer wieder aus dem Dar al-Islam, dem islamischen Gebiet, vertrieben.

Die eigentliche Bedrohung für die islamische Welt kam aus dem Osten: Die mongolischen Invasionen des 13. und

14. Jahrhunderts »gelten als eine der großen Zäsuren der islamischen Geschichte«, schreibt Gudrun Krämer. Als eine »Kampfmaschine«, wie sie die Welt noch nicht gesehen hatte, bezeichnet die britische Religionswissenschaftlerin Karen Armstrong die Mongolen.

Ihr Machtanspruch war global. Das spiegelt sich schon im Titel ihres erfolgreichsten Anführers Dschingis Khan: Dschingis lässt sich mit »weltumspannend« übersetzen. Die Mongolen ließen den Muslimen nur die Wahl zwischen Unterwerfung oder Vernichtung. Reihenweise eroberten – und zerstörten – sie glanzvolle Städte: Samarkand, Buchara, bevor 1258 auch Bagdad fiel, die Hauptstadt des Abbasiden-Kalifats.

Die mongolischen Angreifer vernichteten auch die ausgeklügelten Bewässerungssysteme für die Landwirtschaft, mit weitreichenden Folgen: Äcker wurden zu Weideland, Bauern nahmen nomadische Lebensweisen an oder flüchteten nach Syrien und Ägypten, während aus den asiatischen Steppen nomadische Verbände nachrückten. »Die Mongolen hatten das muslimische Leben auf traumatische Weise zerstört«, schreibt Karen Armstrong. Erst 1260 gelang es Baibars mit einem Mameluckenheer aus Kairo, die Mongolen unweit von Nazareth zurückzuschlagen.

Angesichts des Mongolensturms waren die Kreuzfahrer für die Muslime schlicht das kleinere Übel. Ein Übel, das der kurdischstämmige Salah ad-Din, im Westen besser bekannt als Saladin, schließlich beseitigte. Der Gründer der Ayyubiden-Dynastie hatte 1168 Kairo unter seine Kontrolle gebracht und war zum Herrscher Ägyptens aufgestiegen. In seiner Zeit wird der Dschihad-Gedanke zur Mobilmachung gegen die »Franken« wichtig. Bevor sich der erfolgreiche Feldherr aber im Dschihad gegen die Christen übte, sicherte er über Jahre hinweg sein Herrschaftsgebiet und dehnte es in Richtung Damaskus aus. Historiker nehmen an, dass Saladin für den Kalifen in Bagdad die größere Herausforderung war als die Kreuzfahrer.

Saladin war nicht nur ein Stratege auf dem Schlachtfeld, sondern auch ein eifriger Verfasser von Briefen an den Kalifen. In einem Schreiben begründete er, warum es unumgänglich sei, zuerst die Muslime zu einigen, bevor es in den Dschihad gegen die Ungläubigen gehe. In einem anderen verteidigte er den Handel mit den Kreuzfahrern, schließlich brächten die christlichen Kaufleute für den Dschihad wichtige Waren in die Region.

Am 2. Oktober 1187 eroberte Saladin dann doch Jerusalem, nachdem er wenige Monate zuvor, am 4. Juli, das Heer des Königreichs Jerusalem bei Hattin am See Genezareth vernichtend geschlagen und danach eine Kreuzfahrerfestung nach der anderen eingenommen hatte. Jerusalem hatte keine strategische Bedeutung mehr, war aber ein Prestigeerfolg. Die Eroberung der Heiligen Stadt durch Saladin verlief vergleichsweise unblutig, er ließ die Christen gegen Lösegeld ziehen, auch den Patriarchen. Das brachte ihm in Europa den Ruf eines weisen Herrschers ein.

Ausgerechnet Wilhelm II. weckt neues Interesse an den Erfolgen Saladins

1291 fiel mit Akkon die letzte Kreuzfahrerbastion. Die Stilisierung der Kreuzzüge zum Sinnbild eines Kampf der Kulturen sollte aber erst Jahrhunderte später beginnen. In den 1890er-Jahren, als die Krise des Osmanischen Reiches offensichtlich wurde, entstand hier eine eigene islamische Kreuzzugsgeschichtsschreibung. Im ersten dieser Werke heißt es: »Unser allererhabenster Sultan, Abdülhamid II., hat zu Recht bemerkt, dass Europa nunmehr einen Kreuzzug gegen uns in Gestalt einer politischen Kampagne führt.« Gemeint war eine Reaktion des Sultans auf die Auflösungserscheinungen des Osmanischen Reiches auf dem Balkan und den Druck, den Großbritannien und Frankreich auf die Osmanen ausübten.

Verstärkt wurde das muslimische Interesse an den Kreuzzügen kurioserweise auch durch den Besuch des deutschen Kaisers 1898 in Damaskus. Wilhelm II. legte am halb verfallenen Grabmal Saladins einen Kranz nieder und rühmte den Toten als »einen der ritterlichsten Herrscher in der Geschichte«. Daraufhin erfuhr Saladin, der bis dahin etwas in Vergessenheit geraten war, eine Renaissance in der Levante.

In der muslimischen Welt verfestigte sich die Interpretation, dass Europa, nachdem es die erste Runde der Kreuzzüge verloren hatte, nun auf Revanche sann. Es war ein eigener Blick auf den Kolonialismus. Der Westen führe unter dem Deckmantel des politischen und ökonomischen Materialismus noch immer Kreuzzüge gegen den Islam, schrieb ein arabischer Autor Anfang der 1930er-Jahre.

Im 20. Jahrhundert stellten arabische Nationalisten wie Ägyptens Präsident Gamal Abdel Nasser einen Bezug zu den Kreuzzügen her. Nasser bezeichnete die Gründung Israels als Neuauflage der Kreuzzüge und verglich sich selbst gern mit Saladin, ebenso wie der irakische Despot Saddam Hussein. Auch Fundamentalisten wie der Ägypter Said Qutb, Vordenker des Islamismus, zogen diese Parallele: Der Imperialismus des Westens sei »eine Maske, hinter der sich der Geist der Kreuzfahrer verbirgt«. Der Terrorpate Osama bin Laden sah in den US-Truppen im Nahen Osten »Armeen der Kreuzfahrer«, die sich »wie Heuschrecken« ausbreiteten. Auch Islamisten in Deutschland haben auf Demonstrationen gegen den Gazakrieg Saladins Kampf gegen die Kreuzzügler heraufbeschworen.

So werden die Kreuzzüge posthum zu dem, was sie nie waren: blutiger Dreh- und Angelpunkt der Beziehung zwischen Europa und Islam. Man möchte die Lektüre des Buches *Die Kreuzzüge* des britischen Historikers Thomas Asbridge empfehlen. Das Werk endet mit dem Satz: »Man sollte die Kreuzzüge dort lassen, wo sie hingehören: in der Vergangenheit.« ■

ARNFRID SCHENK
ist Redakteur im Wissen-Ressort der ZEIT

UMKÄMPFTE METROPOLE
Auf diesem griechischen Gemälde aus dem 19. Jahrhundert sitzt der siegreiche Sultan vor Konstantinopel auf seinem Thron, während die geschlagenen Byzantiner ihn mit Gaben milde zu stimmen versuchen

Das Fiasko am Bosporus

1453 erobern die Osmanen die Kaiserstadt Konstantinopel. Das Entsetzen über den Untergang der jahrhundertealten christlich-antiken Tradition befeuert die Renaissance in Europa

VON ALEXANDER CAMMANN

Ein 21-Jähriger reitet am Nachmittag des 29. Mai 1453 durch die Straßen Konstantinopels. Vor der Hagia Sophia steigt er vom Pferd und betritt die größte und ehrwürdigste Kirche der christlich-orthodoxen Welt. Verängstigte Griechen, die sich hierher geflüchtet haben, und einige um Gnade flehende Priester lässt er abziehen, bevor er zum Altar tritt und zu Allah betet. Von der Kanzel wird sein Sieg verkündet und die sofortige Umwandlung der Kirche in eine Moschee. Am 2. Juni wird hier erstmals das Freitagsgebet abgehalten. Das mehr als tausend Jahre existierende Oströmische Reich mit seinem byzantinischen Kaisertum ist in diesem Moment Geschichte, dieser letzte Überrest der antiken Welt geht unter.

Der Fall Konstantinopels 1453 ist ein epochaler Einschnitt, den die Zeitgenossen sofort als solchen begreifen. »Was für eine grauenhafte Nachricht haben wir über Konstantinopel erhalten?«, schreibt Enea Silvio Piccolomini an Papst Nikolaus V., dessen Gesandter im Heiligen Römischen Reich er ist (bevor er fünf Jahre darauf als Papst Pius II. selbst auf den Heiligen Stuhl gelangen wird). »Meine Hand zittert, als ich dies schreibe; mein Herz ist voll Kummer.«

Mehmed II., so heißt der junge Mann, der die Hagia Sophia betritt, ist seit zwei Jahren Sultan am osmanischen Hof in Edirne. Mit Ehrgeiz und Energie geht er die Erweiterung der aufstrebenden osmanischen Macht an, in Kleinasien und auf dem Balkan. Die erste Station auf seinem triumphalen Eroberungszug soll das christliche Konstantinopel werden. Die von Kaiser Konstantin 330 zur Residenz gemachte Stadt am Bosporus hat immer noch einen legendären Ruf, wenngleich sie eigentlich schon lange dem Untergang geweiht ist; viele Bewohner und westeuropäische Beobachter ahnen dies.

VERZWEIFELTE GEGENWEHR: Der byzantinische Kaiser Konstantin (mit rotem Umhang) und seine Truppen versuchen vergeblich, die Osmanen zurückzuschlagen

Das mächtige Byzantinische Reich, das einst das östliche Mittelmeer beherrschte, ist in den vergangenen Jahrhunderten auf einen Ministaat zusammengeschrumpft; nur noch einige Territorien auf dem Peloponnes und die wenigen Quadratkilometer hinter der mächtigen, 20 Kilometer langen und als uneinnehmbar geltenden Mauer der Metropole gehören dazu. Aber was heißt Metropole? Der Reisende Ibn Battuta registrierte um 1333 eher mehrere Dörfer innerhalb der Mauern, mit weiten Feldern, Gärten und Olivenhainen.

Viele gierten nach der strategisch perfekt gelegenen Stadt. 1204 wurde sie von lateinisch-christlichen Kreuzfahrern für einige Jahrzehnte erobert. Später belagerten die Osmanen sie viermal, bis es jeweils doch politisch Wichtigeres zu erledigen gab.

Als Konstantinopel schließlich fällt, leben noch etwa 40.000 Menschen in der Stadt. Einige Jahrhunderte zuvor waren es mehr als zehnmal so viele gewesen. Zahlreiche Paläste stehen leer. Die Osmanen übernehmen einen verfallenen Reststaat, ein historisches Kuriosum, allerdings mit enormer symbolischer Macht: Die byzantinischen Kaiser gelten immer noch als legitime Nachfolger der römischen Cäsaren.

Mehrmals haben diese Kaiser Westeuropa um Hilfe gegen die muslimische Gefahr gerufen. Sie waren sogar bereit, dafür die Vereinigung der orthodoxen mit der lateinischen Kirche unter dem Papst zu akzeptieren, also die jahrhundertealte Spaltung der Christen zu überwinden, was in der orthodoxen Kirche jedoch nicht durchsetzbar war.

Als das Heer Mehmeds II. im April 1453 die Belagerung Konstantinopels beginnt, haben die Verteidiger unter Kaiser Konstantin XI. nur ungefähr 8.000 Mann auf den Mauern. An der Meerenge haben die Osmanen eine Festung erbaut, mit der sie die Schifffahrt zunehmend kontrollieren. Und sie haben vom christlichen Geschützkonstrukteur Urban aus Ungarn, dessen Dienste Konstantin zu teuer waren, 69 neuartige, zum Teil riesige Kanonen gießen lassen. Damit beginnt am 6. April der langsame, systematische Beschuss der tausend Jahre alten Mauern. Die Verteidiger haben bald nur noch eine Hoffnung: die sehnsüchtig erwartete Hilfe per Schiff aus Genua und Venedig. Bereits vor Monaten hat man deswegen Gesandtschaften in beide Städte geschickt. Doch die Unterstützung bleibt aus, weil sie zu zaghaft, zu halbherzig und zu spät organisiert worden ist.

Für die Nacht auf den 29. Mai befiehlt Mehmed den Sturmangriff. Die Osmanen stoßen auf erbitterten Widerstand. Im Morgengrauen hat die dritte Angriffswelle schließlich Erfolg. Die nun einsetzenden Plünderungen und Morde, Vergewaltigungen und Versklavungen durch seine enthemmten Soldaten beendet Mehmed erst am Nachmittag.

Etliche zeitgenössische Chronisten malen die Dramatik der Kämpfe farbenprächtig und in allen Details aus. Der Heldenmut der Verteidiger, der Griechen und Genuesen, und die Grausamkeit der Eroberer waren ein beliebtes, spannungsvolles Sujet, das einging in die christlich-europäische Geschichtsfolklore – bis hin zu Stefan Zweig, der den Fall Konstantinopels 1936 in seine *Sternstunden der Menschheit* aufnahm.

Auch wenn die Blutrünstigkeit der Angreifer von den christlichen Chronisten vielleicht besonders in Szene gesetzt wurde, kam es zweifellos zu furchtbaren Gewaltexzessen. Es wurde geschändet, geköpft und gepfählt; allenfalls gegen Lösegeld kam man frei. Den Leichnam des im Kampf gefallenen Kaisers Konstantin hat man nie gefunden.

Der auf einer Galeere aus Konstantinopel entkommene päpstliche Legat Isidor informierte die christliche Welt in drei am 6. Juli auf Kreta verfassten Briefen über den Fall der Stadt. Das Entsetzen war groß – wobei es sich um eine Mischung aus Scham und Heuchelei wegen unterlassener Hilfeleistung sowie ehrliche Erschütterung gehandelt haben dürfte.

Dass die Schockwellen so mächtig waren, hatte auch etwas mit dem neuen Zeitalter zu tun, das ohnehin gerade alles umstürzte: der Renaissance. Der Fall Konstantinopels wurde zum ersten Medienereignis der anbrechenden Neuzeit. Pamphlete und Predigten kündeten davon, Schreiben und Holzschnitte verbreiteten die Nachricht, Herrscher und Humanisten diskutierten über die Folgen. Trotz aller Zänkereien und Debatten bildete sich unter dem Eindruck der fernen Katastrophe womöglich so etwas wie eine christlich-europäische Identität heraus.

Über Gutenbergs neue Druckerpresse liefen in den kommenden Jahrzehnten eine Fülle von antimuslimischen Flugschriften und Kreuzzugs-Appellen. Schließlich war die Stadt ein ewiges Symbol ebenjener Antike, die man doch gerade erst unter gelehrten Mühen und voller Begeisterung wiederentdeckte. Wie das Amt des Papstes war Konstantinopel ein Symbol christlich-antiker Kontinuität. Konnte man die ehrwürdige Stadt einfach so untergehen lassen?

Viele Zeitgenossen glaubten, dass dieses Fiasko nur temporär sein könne und die christliche Rückeroberung der Stadt bald beginnen werde. Schließlich hatte man in den vergangenen Jahrzehnten diverse vergebliche Kreuzzugversuche gegen die Osmanen unternommen, da war also noch etwas zu sühnen.

Zwei überragende Intellektuelle stehen für die neue geistige Konstellation nach 1453 – und auf je ihre Weise für die ideelle Injektion, die die Renaissance durch den Untergang der legendären Stadt erhielt. Da wäre zum einen der bereits erwähnte Enea Silvio Piccolomini, der schon seit Langem vor den expansionswilligen Osmanen gewarnt und die Päpste zu Kreuzzügen aufgefordert hatte. Angesichts des Falls von Konstantinopel beklagte der wortmächtige Humanist nichts anderes als »den zweiten Tod Homers und Platons«.

Als er 1458 als Pius II. auf den Stuhl Petri gelangte, wurde die Befreiung Konstantinopels zum Mittelpunkt seiner Politik, mit der er die europäischen Herrscher unablässig bedrängte. Kurz nach Amtsantritt berief er für 1459 einen Kongress nach Mantua ein, über den er selbst der Nachwelt berichtet hat. Der große Rhetoriker hielt aufrüttelnde Ansprachen, in denen er vor Mehmed und dessen falschem Propheten warnte und die Schuld aller Anwesenden »in träger Ruhe daheim« ins Gewissen rief: »Nicht unsere Väter, nein, *wir* haben Konstantinopel, die Hauptstadt des Ostens, von den Türken erobern lassen.«

Die europäischen Mächte zollten solchen Worten zwar hinhaltende Anerkennung, ließen sich aber nicht mehr auf ungewisse Abenteuer ein. Vor allem Venedig verfolgte eine geschickte Schaukelpolitik zwischen Krieg und Kompromiss und behielt die eigenen Ziele als wichtigste Handelsmacht stets im Blick. So setzte sich der sieche Papst 1464 persönlich an die Spitze eines nicht sonderlich motivierten Kreuzzügleins. Er starb in Ancona, als die Flotte in See stechen sollte.

Der andere Intellektuelle ist Kardinal Bessarion, Konkurrent und Verbündeter von Pius. Sein abenteuerliches Leben führte ihn von Ost nach West: Als Gesandter der orthodoxen Kirche reiste er 1437/38 von Konstantinopel nach Venedig, um beim Unionskonzil in Ferrara und Florenz die Verhandlungen über die Wiedervereinigung der beiden christlichen Kirchen zu führen – jene zentrale Mission für das Byzantinische Reich, um die ersehnte Unterstützung des Papstes gegen die Osmanen zu bekommen. Bessarion, ein engagierter Verfechter der Kircheneinheit, wurde dafür vom Papst nach seiner Rückkehr nach Konstantinopel 1439 zum Kardinal erhoben, während die orthodoxe Priesterschaft in der Heimat entgeistert auf die Konzilsergebnisse reagierte. Bessarion ging nach Rom, was für seine orthodoxen Mitbrüder Verrat bedeutete. Nach 1453 engagierte er sich vehement gegen die osmanische Bedrohung und wäre 1455 sogar beinahe Papst geworden.

Entscheidend für die europäische Renaissance sollten die zahllosen Manuskripte und Bücher griechischer Klassiker sein, die Bessarion vor allem nach 1453 im Osten erwarb, um das Erbe der Antike für den lateinischen Westen zu retten. Die Geschichte der Renaissance wäre ohne seinen philologischen Spürsinn und die Schätze seiner Privatbibliothek – insgesamt 1.100 Handschriften, die er Venedig schenkte – wohl anders verlaufen.

Die geistig-intellektuelle Frontstellung zwischen Christentum und Islam, die sich 1453 noch einmal erneuert hatte, blieb fortan eine Konstante in der europäischen Geschichte, für viele Jahrhunderte. Der junge Herrscher am Bosporus sah sich allenfalls an einem Etappenziel: Als Nachfolger der römischen Kaiser wähnte sich Mehmed II. auf dem Weg nach Rom, hin zu einem neuen Weltreich.

Mit Gewalt und Geschick betrieb er in den kommenden Jahrzehnten die osmanische Expansion, wurde 1456 zwar vor Belgrad zurückgeschlagen, eroberte aber Serbien, die Walachei und Bosnien. 1458 stand er als einziger Sultan auf der Akropolis in Athen; 1475 eroberte er die Krim.

Nach 15 Jahren Krieg mit Venedig schloss die Hohe Pforte Frieden mit der Serenissima – und der venezianische Malerstar Gentile Bellini, den sich Mehmed für einen Aufenthalt am Bosporus ausbedungen hatte, porträtierte ihn im Stil der westlichen Renaissance. Osmanische Turbane sollten die italienischen Gemälde der nächsten Jahrzehnte prägen, so wie die »Türkenfurcht« den europäischen Kontinent.

1480 geschah dann das Entsetzliche: Mehmeds Truppen eroberten Otranto in Apulien und griffen damit nach Italien, der Weg nach Rom schien frei. Das Massaker unter den Christen Otrantos ging in die Märtyrergeschichte der Glaubenskämpfe ein; noch heute kann man die Gebeine von 800 Opfern, die 2013 von Papst Franziskus heiliggesprochen wurden, als Reliquien im Dom der Stadt betrachten.

Doch die Panik, die 27 Jahre nach Konstantinopel den Kontinent befiel, löste sich rasch wieder auf, denn das Wunder geschah: Mehmed starb, und seine Nachfolger wollten zunächst keine Abenteuer wagen. Die osmanischen Truppen zogen wieder ab aus Italien. Der Schrecken von 1453, der die Renaissance befeuert hatte, wiederholte sich nicht, aber hallte weiter und lange nach. ■

ALEXANDER CAMMANN
ist Redakteur im Feuilleton der ZEIT

»Ein schändlich Buch voller Lügen«

Erst lehnt er einen Krieg gegen die Türken ab, dann mobilisiert er für ihn: Wie Martin Luther über den Islam dachte

VON THOMAS KAUFMANN

UNVERSÖHNLICH Der Reformator geißelt es als teuflischen Irrglauben, dass Muslime Jesus nicht als Sohn Gottes anerkennen. Dieses Luther-Porträt entstand um 1830

Wesentliche Momente der lateineuropäischen Geschichte im späten 15. und frühen 16. Jahrhundert beruhen auf der Gegnerschaft christlicher Herrscher zu »den Türken«. Dazu gehört die »Entdeckung« Amerikas durch Kolumbus, zu der es kam, weil die Seidenstraße als Handelsroute durch die Osmanen blockiert war und deshalb ein Seeweg nach Indien gesucht wurde; oder die Ausbreitung der frühen Reformation, provoziert durch den massiv gesteigerten Ablasshandel infolge der erwarteten Türkenkreuzzüge (zu denen es nicht kam). »Der Türke« war indirekt ein maßgeblicher Modernisierungsfaktor Lateineuropas.

Martin Luthers Blick auf den Islam war geprägt durch die Erfahrungen seiner Zeit. Als einzige Supermacht errang das osmanische Großreich militärische Erfolge und expandierte. Nachdem Ägypten, Syrien, die Arabische Halbinsel und weite Teile des Mittelmeeres in die Hände Sultan Selims I. gefallen waren, verstärkte sein Sohn Süleyman, genannt der Große oder Prächtige, den Ansturm auf Europa: 1521 eroberte er Belgrad, 1522 fiel die Bastion der Johanniter auf Rhodos. Der Handel Genuas und Venedigs wurde nun durch die Türken kontrolliert. Ende August 1526, nach der Schlacht bei Mohács, fielen weite Teile Ungarns unter osmanische Kontrolle. Im Herbst 1529 belagerte ein gewaltiges osmanisches Heer Wien.

Luthers früheste Äußerung über die Türken und den Islam erreichte durch die päpstliche Verurteilung in der Bannandrohungsbulle von 1520 eine gewisse Prominenz: Man solle nicht Krieg gegen die Türken führen, erklärte der Bußprediger aus dem Augustiner-Eremiten-Orden in den Begründungen seiner 95 Thesen, denn die Angriffe und Erfolge der Türken seien als Gottes Zornesrute für die vom Papsttum geführte, zutiefst verkommene Christenheit zu verstehen. Träumten die Mächtigen in der Kirche von Kriegen gegen die Türken, kämpften sie lieber gegen Gottes Zuchtrute als gegen ihre Missetaten, schrieb Luther. Insofern ringe die Papstkirche gegen Gott selbst. Die antichristliche römische Kirche bereichere sich mit dem Türkenablass und habe ein tyrannisches Regiment errichtet, das »erger« sei »dann der Turck«.

Luthers Absage an den Türkenkrieg blieb in einigen radikalen Milieus lebendig, die sich später von ihm und der Reformation abspalten sollten. Sein Schüler Thomas Müntzer erwartete, dass die Türken die Herrschaft der Gottlosen beenden und sich Christus und der Taufe zuwenden würden. Die Täuferführer Hans Hut und Augustin Bader nahmen diese apokalyptische Idee auf. Michael Sattler, der Verfasser der *Schleitheimer Artikel* von 1527, eines zentralen Dokuments des Täufertums, versagte sich und den Seinen mit bußtheologischem Eifer jede militärische Gegenwehr gegen die Osmanen.

Bei Luther selbst trat mit Blick auf die akute Bedrohungslage vor Wien 1529 eine Wende ein – wohl auch, weil seine Gegner aus der Papstkirche ihn wegen seiner früheren Äußerungen für die Erfolge der osmanischen Truppen verantwortlich gemacht hatten. In seiner *Heerpredigt wider den Türcken* erklärte Luther, dass ein Verteidigungskampf gegen die Osmanen durchaus berechtigt und angemessen sei. Allerdings müsse er unter der Führung der weltlichen Obrigkeiten und nicht – wie bei den Kreuzzügen – unter der spirituellen Leitung des Papstes stehen.

Zugleich suchte Luther nach Strategien, um die religiösen Abwehrkräfte der unter türkische Herrschaft geratenden Christen zu stärken. Den höchsten Schutz gegen die Attraktion der fremden Religion gewähre das eigene Glaubensbekenntnis: »Nemlich das Christus sey der son Gottes / gestorben für unsere sünd / aufferstanden zu unser gerechtigkeit [...] Das seind die Donnerschläg / die nit allein Mahomentum / sondern auch die pforten der Hellen zerstören.« Durch diesen Artikel unterscheide sich der christliche Glaube »von allen andern glauben auff erden, Denn die Jüden haben des nicht, Die Türcken und Sarracener auch nicht, dazu kein Papist noch falscher Christ«.

Fühle der Christenmensch sich vom schönen Schein der fremden Religion angezogen, solle er fest mit dem Daumen auf einen Finger drücken und an Jesus Christus denken. Dass dieser Appell, sich katechetisches Glaubenswissen als Gegenmittel gegen den Islam anzueignen, just 1529 erfolgte, verwundert nicht – im selben Jahr veröffentlichte Luther seine Katechismen.

Nun entdeckte Luther den Türken auch in der Bibel, im siebten Kapitel des Buchs Daniel, im »kleinen Horn«, das das vierte und letzte der Weltreiche, das römische, bedrängen werde. Die Menschenaugen des kleinen Horns versinnbildlichten für Luther den Koran, in dem »kein Göttlich auge, sondern eitel menschliche vernunfft o[h]n Gottes wort und geist« zu erkennen seien. Mit dem »Maul« des Hornes seien die antichristlichen Schmähungen gemeint, die sich im Koran fänden. Gegen die Türken zu kämpfen, bedeutete nun, »widder Gottes feind und Christus lesterer, ia widder den teuffel selbs« zu streiten.

Kurz darauf gab Luther die lateinische Schrift eines aus Siebenbürgen stammenden Dominikaners heraus, der Georgius von Ungarn genannt wurde. Sie handelte von den Sitten und Gebräuchen der Türken und basierte auf jahrzehntelangen Erfahrungen, die der als Kind verschleppte Georg in der Fremde gemacht hatte. Erst in hohem Alter war ihm die Flucht nach Europa gelungen, wo er sein Leben als Mönch beschloss.

Luthers Ausgabe der schon im 15. Jahrhundert gedruckten Schrift weckte ein breites und anhaltendes Interesse; auch deutsche Übersetzungen erschienen. Georgs Büchlein wurde in der Frühen Neuzeit zu einer der wichtigsten Wissensquellen über das Osmanische Reich und den Islam.

Interessanterweise stellte der Mönch die kulturelle Höhe und Überlegenheit der Türken heraus: Sie seien reinlich und fromm, beteten ernsthaft und regelmäßig, führten ihre Wallfahrten äußerst diszipliniert durch, befolgten Waschungs-, Speisevorschriften und Rituale peinlich genau. Ihre Asketen lebten streng, die Moscheen seien prächtig, die Frauen fügsam. Im Grunde sei alles besser als im Christentum – doch genau dies sei eine Waffe des Teufels, der sich in einen Engel des Lichts verwandelt habe und Christen durch die kulturelle Attraktivität des Islam zur Konversion animieren wolle.

Die umfänglichste Auseinandersetzung mit dem Koran fällt in Luthers Spätzeit. Zuvor hatte er gelegentlich bedauert, dass er den Koran bisher nicht habe lesen können. Einer weitverbreiteten Streitschrift des Dominikaners Ricoldus de Monte Crucis gegen den Koran, die um 1300 erschienen war, hatte er deshalb misstraut. 1542 aber bekam er eine Handschrift der lateinischen Koranübersetzung des Engländers Robert von Ketton in die Hand. Sie bestätigte ihm, dass der Koran ein ungeheuerliches Machwerk des Teufels sei. Vor allem missbilligte der Wittenberger Glaubenshüter die Leugnung der Gottessohnschaft Jesu und seines Sühnetodes, die Bestreitung der Trinitätslehre und den prophetischen Sendungsanspruch Mohammeds.

Um verführbare Christen zu warnen und die Bereitschaft zum Kampf gegen den Islam zu mobilisieren, publizierte Luther eine deutsche Übersetzung der Schrift des Ricoldus. Mit Philipp Melanchthon unterstützte er zudem die Drucklegung einer lateinischen Koranübersetzung des Zürcher Gelehrten Theodor Bibliander, der weitere antiislamische Schriften christlicher Theologen des Mittelalters beigegeben waren. Luthers Begründung für die Verbreitung des Koran war bemerkenswert: »Mich hat das bewogen, das man dem Mahmet oder Turcken nichts verdrieslichers thun, noch mehr schaden zu fugen kann (mehr denn mit allen waffen), denn das man yhren alcoran bey den Christen an den tag bringe, darien sie sehen mugen, wie gar ein verflucht, schendlich, verzweivelt buch es sey, voller lugen, fabeln und aller grewel, welche die Turcken bergen.«

Ansatzpunkte für einen verständnisvollen oder gar verständigungsbereiten Umgang mit dem Islam, seinen Anhängern und ihrer wichtigsten schriftlichen Glaubensurkunde sind bei dem Wittenberger Reformator nicht zu finden. ■

THOMAS KAUFMANN
ist Theologe und Direktor der Niedersächsischen Staats- und Universitätsbibliothek Göttingen

Nachbarn oder Todfeinde?

1492 geht die islamische Herrschaft im heutigen Spanien endgültig unter. Nach fast 800 Jahren haben christliche Ritter die gesamte Iberische Halbinsel zurückerobert. Im 19. Jahrhundert wird diese Zeit zu einem einzigen Abwehrkrieg gegen die Ungläubigen stilisiert VON MONIKA WALTER

Als »schicksalhafte Wende« beschreiben Zeitgenossen das Jahr 1492. Im Oktober erreicht Christoph Kolumbus Amerika, womit der Aufstieg des christlichen Spaniens zur Weltmacht anbricht. Begonnen hat das Jahr mit einer anderen Zäsur: dem endgültigen Fall des Emirats von Granada, der islamischen Herrschaft im heutigen Spanien.

Der letzte Akt dieser Herrschaft ist nur durch eine Romanze überliefert. Besungen wird das Königspaar Isabella I. und Ferdinand II., die über Kastilien-León und Aragón herrschen. Die beiden reiten feierlich zur Alhambra hinauf, der palastartigen Burganlage von Granada. Am Eingang erwartet sie der glücklose Emir Muhammad XII., der nach monatelanger Belagerung nun ohne Gegenwehr die Burgschlüssel übergibt, bevor er später nach Marokko ins Exil geht.

Weniger friedfertig klingt die spätere Grabinschrift, die den Siegern gewidmet ist: Sie werden als »Vernichter der Mohammedanischen Sekte und Auslöscher der ketzerischen Falschheit« gefeiert. Die grimmige Rhetorik soll davon zeugen, dass eine sehr

KAPITULATION
Der letzte Emir von Granada (l.) übergibt am 2. Januar 1492 seine Stadt an das Königspaar Ferdinand und Isabella (r.), auf dem Hügel dahinter thront die Alhambra. Das Gemälde entstand wie die folgenden im 19. Jahrhundert

MYTHISCHER SIEG
Mit erhobener Streitaxt führt Karl Martell 732 die Franken in der Schlacht von Tours und Poitiers. Er triumphiert über ein muslimisches Heer unter dem Befehl von Abd ar-Rahman al-Ghafiqi, der hier langbärtig sein Schwert schwingt

alte und als besonders feindselig geltende Nachbarschaft beendet worden war.

Denn mit dem Fall Granadas war Al-Andalus, das muslimische Herrschaftsgebiet auf der Iberischen Halbinsel, endgültig Geschichte – fast 800 Jahre nach der Invasion der Araber und Berber. 711 hatten die Angreifer geradezu spukhaft jenes westgotische Kriegerreich verschwinden lassen, das der Universalgelehrte Isidor von Sevilla einst als würdigen Nachfolger des römischen Imperiums gelobt hatte. 1492 war nun ein iberisches Reich wiederhergestellt; die ganze Halbinsel unterstand christlicher Herrschaft.

Der Mythos vom rein katholischen Neubeginn Spaniens kam aber noch nicht mit Isabella I. von Kastilien und Ferdinand II. von Aragón auf. Er erstarkte viele Generationen später – wie auch die Legende vom jahrhundertelangen, kompromisslosen Ringen christlicher Krieger gegen die Muslime Iberiens. Erst im späten 19. Jahrhundert machte der Begriff »Reconquista« Karriere, als konservative spanische Historiker begannen, in den katholischen Abwehrkämpfen gegen den Glaubensfeind das »Grundferment der Nation« zu erkennen. Dabei schwang ein anderer, gleichfalls erst in der Neuzeit entstandener Mythos mit, der ebenso identitätsstiftend war – die Überhöhung des fränkischen Sieges 732 bei Tours und Poitiers gegen die Muslime von Al-Andalus. Obwohl auch nach dieser Schlacht noch militärische Handstreiche und flüchtige Besiedelungen der Muslime vor allem in Südfrankreich folgten, wurde sie als dauerhafte Abwehr des Islam ausgelegt – und das Westeuropa nördlich der Pyrenäen zur uneinnehmbaren Christenfestung umgedeutet.

Derartige Mythen verbannten die Iberische Halbinsel lange aus dem kontinentalen Gedächtnis, als hätte das muslimische Al-Andalus nicht auch zu

Europa gehört. Die Verherrlichung der Schlacht von Tours und Poitiers wirkt noch heute in dem islamfeindlichen Entwurf einer modernen *Europeanness* weiter. Dieses Verständnis beeinflusste auch einen Teil der westlichen Arabisten, die Spanien zum Musterbeispiel einer »westlichen Zivilisation« erhoben, weil es angeblich Juden und Muslime nur als Neuchristen duldete.

Ein solches Abwehrdenken stürzte die spanischen Historiker unweigerlich in ein Dilemma. Denn niemand konnte das Erbe einer islamischen *Hispania* (wie die Iberische Halbinsel seit der Antike auf Lateinisch hieß) und damit den Einfluss einer jahrhundertelang überlegenen Zivilisation auf die christliche *Hispania* bestreiten. »Reconquista« aber wurde zum Zauberwort der Nationalgeschichte, das den Kampf zwischen den beiden Spanien betonte.

Erst Mitte des 20. Jahrhunderts begannen liberale Historiker, die Erzählung einer vorrangig katholisch aufgeladenen »Reconquista« zu hinterfragen. Sie öffneten ein durchaus westlich verstandenes Spaniertum für den eigenen »häuslichen Orient«: »Das christliche Spanien fügte seinem Leben alles ein, was seine Verflechtung mit der arabischen Welt ihm auferlegte«, befand der spanische Kulturhistoriker Américo Castro.

In den vergangenen Jahrzehnten haben Historiker, Kulturwissenschaftlerinnen und Philologen einen neuen Blick auf die spanische Geschichte gewonnen. Sie entschlüsselten nun auch arabisch-lateinische und arabisch-spanische Textquellen, verfasst in einer schwer verständlichen Mischsprache, die deshalb bisher ausgespart geblieben waren. Statt Dauerkämpfen wurden so unzählige politisch-diplomatische, kulturelle und alltägliche Kontakte zwischen Muslimen und Christen erkennbar. Und es ließ sich immer besser auch das Zerrbild korrigieren, dass sich dort unversöhnliche Gotteskrieger als Todfeinde gegenübergestanden hätten.

Zwar wurde ein erster Christensieg in Covadonga um das Jahr 722 später als mythischer Beginn der »Reconquista« gefeiert, aber wirkliche Eroberungen folgten erst im 11. Jahrhundert. Damals verwandelte eine neuartige Kreuzzugsideologie die römisch-lateinische Kirche in eine *ecclesia militans,* eine »streitende Kirche«, die ihre ersten Kriegspläne gegen Al-Andalus richtete. So eroberte ein Freiwilligenherr 1064 die muslimische Festung Barbastro. Allerdings erlagen die christlichen Ritter dem Zauber der raffinierten Hofkultur und vernachlässigten ihre Verteidigungspflichten: Die Burg ging schnell wieder verloren.

Kastilien und Aragón waren die beiden mächtigsten jener Königreiche, aus denen das geeinte Spanien hervorgehen sollte. Ihre Herrscher vernahmen zwar die ständigen päpstlichen Ermahnungen, alle Muslime zu verjagen. Doch wenn sie gegen ihre islamischen Nachbarn marschierten, handelte es sich vor allem um Grenzkonflikte und Kämpfe um Macht, Land und Reichtümer, nicht um Kreuzzüge. Den spanischen Monarchen kam zugute, dass sich die iberische Kirche schon im 7. Jahrhundert mit einem eigenen Ritus gegen die römische Orthodoxie gewehrt hatte. Selbstbewusst und einfallsreich versuchte sie, ihren Führungsanspruch mit den Machtinteressen des Papsttums zu vereinbaren. Und für die spanischen Ritter war die »Reconquista« ohnehin kein reiner Glaubenskrieg: Sie träumten von der Wiederherstellung ihres untergegangenen Imperiums.

Das Kriegsgeschehen der »Reconquista« war häufig eine Mischung aus taktischen Finten, kurzen Raubüberfällen und größeren Schlachten, umsichtiger Diplomatie und vorteilhaften Allianzen. Nicht selten suchten sich christliche und muslimische Fürsten Verbündete auf der jeweils anderen Seite. Diese für päpstliche Dogmatiker eigentlich skandalöse Politik erreichte 1246 einen Höhepunkt, als der kastilische König Ferdinand III. ein Abkommen mit einem Emporkömmling aus dem arabischen Clan der Nasriden schloss. Der spätere Muhammad I. hatte dem Kastilier bei der Eroberung von Córdoba geholfen und sich als Lohn ein eigenes Reich bei Granada gewünscht. Um Emir von Granada zu werden, musste sich der Nasride sogar zum Vasallen des christlichen Königs schlagen lassen. Jährlich hatte er fortan einen Tribut zu entrichten, der mehr als die Hälfte von Granadas Staatseinnahmen ausmachte und hauptsächlich aus dem blühenden Handel mit der Stadtrepublik Genua stammte.

Ein muslimischer Fürst wird Vasall eines Christenkönigs

Die immer wieder neu befristeten Goldzahlungen sicherten die Unversehrtheit des Emirats und das Bleiberecht der Muslime in Granada. So bezogen der König und der Hochadel Kastiliens einen Teil ihres Reichtums weniger aus Eroberungszügen als aus der Lehnsherrschaft über einen muslimischen Fürsten. Die Kirche in Rom hüllte sich darüber in Schweigen, denn ein beträchtlicher Betrag

»DER WEISE«
König Alfons X. toleriert Muslime in seinem Reich und lässt arabische Manuskripte übersetzen. Von 1252 bis 1284 trägt er die Krone Kastiliens

aus der andalusischen Goldflut wurde in die päpstlichen Kassen gelenkt.

Auch in ihrer Bevölkerungspolitik zeigten sich die spanischen Könige nach Eroberungen pragmatisch. Für die christlich gewordenen Regionen brauchten sie dringend Bauern und Handwerker. Als einzige Herrscher im mittelalterlichen Westeuropa sahen sie in den besiegten Muslimen daher nicht vorrangig ketzerische Glaubensfeinde, sondern fleißige Untertanen. Diese wurden bald Mudejaren genannt – Muslime, die »unter Christen bleiben wollten«.

Für ein solches Vorgehen steht besonders Alfons X., genannt »der Weise«, der von 1252 an die Krone Kastiliens trug. Der König rüttelte am lateinischen Wissensmonopol des Klerus, indem er die kastilische Volkssprache als Amts- und Wissenssprache einführte. Darin ließ Alfons auch den Rechtskodex *Die sieben Teile* verfassen, in dem zwei Gesetze – »Von diabolischen Juden« und »Von verräterischen Mauren« – der offiziellen Papstdoktrin zu entsprechen schienen. Dann aber folgt der im christlichen Europa für Jahrhunderte einmalige Versuch, den beiden andersgläubigen Gruppen juristisch eine Art »sozialen Waffenstillstand« zu garantieren – mit einem Bleiberecht ohne Bekehrungspflicht. Die Mudejaren mussten sich politisch loyal zeigen und hohe Steuern entrichten, ihnen waren weder Imame noch Moscheen erlaubt. Doch sie durften in weitgehend selbstverwalteten Regionen und Stadtvierteln wohnen, zuweilen als geschickte Handwerker und Bauleute sogar in christliche Zünfte aufsteigen.

Im übrigen Westeuropa wäre es unvorstellbar gewesen, Muslime in einem Christenland leben zu

Viele Eroberer schätzen die geistigen Reichtümer

lassen, doch auf der Iberischen Halbinsel erwies sich dies als erfolgreiche Machtstrategie. Die islamische Rechtspraxis, Andersgläubige zu tolerieren, wurde übernommen und in eine Form der christlichen *tolerantia* umgedeutet – in ein besonders duldsames Ertragen religiöser und kultureller Unterschiede.

Die meisten Eroberer wussten auch die geistigen Reichtümer zu schätzen, die die Muslime geschaffen oder aus der Antike bewahrt hatten. Als ein christliches Heer 1085 die Stadt Toledo eroberte, eines der bedeutendsten Wissenszentren von Al-Andalus, stießen die Sieger dort auf eine Fülle von Manuskripten: geschichtliche Chroniken, Schriften über Astronomie, Medizin, Optik, Geografie und die kommentierte Aristoteles-Übersetzung des muslimischen Philosophen Averroes. Systematisch ließ König Alfons X. diese säkularen Texte im 13. Jahrhundert aus dem Arabischen übertragen und verbreiten.

Zwar stammte das Schrifttum vom islamischen Glaubensfeind. Der Kastilier wusste jedoch, dass einige Fraktionen der katholischen Kirche auf solch weltliches Wissen hofften, um ihre Dogmen überzeugender begründen zu können. Die »Toledaner Übersetzerschulen« wurden von Rom weder offiziell erlaubt noch verboten. Im Grunde waren sie verstreute Gelehrtenzirkel, in denen ortsansässige Christen, Juden, einige verbliebene islamische Gelehrte und viele junge lateinsprachige Kleriker zusammenarbeiteten. Sie erledigten die Aufträge wissbegieriger Fürsten, Könige und Erzbischöfe aus allen Teilen Europas. Öffentlich verdammten ihre Auftraggeber das arabische Wissen als Teufelszeug, um heimlich ihren Nutzen daraus zu ziehen. Die Spuren des Übersetzungswerks von Toledo reichen bis weit in die Renaissance und die Aufklärung, die als geistige Errungenschaften allein der »westlichen Zivilisation« gelten.

Auch Ferdinand und Isabella traten keineswegs eindeutig als »Vernichter« des Islam auf. Sie führten von 1481 an Kriege gegen das Emirat von Granada, das letzte muslimische Reich Iberiens, die stets mit neuen Tributzahlungen endeten. Das Ende der »Reconquista« besiegelte das Königspaar nicht nur aus religiöser Überzeugung. Die beiden wollten so auch ihre eigene Stellung stärken und den stolzen Hochadel der spanischen Militärorden entmachten.

Zwar verlieh der dankbare Papst Alexander VI. den beiden anschließend den Ehrentitel *Reyes Católicos,* »Katholische Könige«. Aber Ferdinand und Isabella nahmen die besiegten Aristokraten Granadas gern in ihren Hofstaat auf, lieferten diese doch das lebendige Vorbild für eine Literatur über »edle Mauren«, die für einen neuen Hofadel das Tugend- und Bildungsideal der Renaissance entwarf. In der Wertehierarchie des Königspaars nahm die Ritterwelt Granadas einen weitaus höheren Rang ein als jene mittelalterliche Welt der »unkultivierten Altchristen«.

Noch 1492 aber zwangen die beiden alle Juden in ihrem Reich, entweder zum Christentum überzutreten oder das Land zu verlassen. Zehntausende jüdische Männer, Frauen und Kinder wurden aus ihrer Heimat vertrieben. Gnadenlos verfolgte die Inquisition Kon-

vertiten, die unter Verdacht gerieten, nur zum Schein ihrem alten Glauben abgeschworen zu haben.

Die Muslime von Granada sollten zunächst auf freiwilliger Basis für das Christentum gewonnen werden. Doch die allermeisten wollten weder konvertieren noch die Iberische Halbinsel verlassen – wie schon die Nachfahren jener Mudejaren, die seit Jahrhunderten gegen Sondersteuern als Muslime unter christlicher Herrschaft gelebt hatten. 1499 ließ der Erzbischof von Toledo, Isabellas Beichtvater Francisco Jiménez de Cisneros, arabischsprachige Bücher öffentlich verbrennen. Und etwa vom Jahr 1500 an mussten sich alle Muslime Spaniens taufen lassen, um im Land bleiben zu dürfen. Auch Portugal folgte in seiner Politik weitgehend dem antijüdischen und antimuslimischen Beispiel seines Nachbarn.

Wie sehr die »Morisken« – so nannte man bald die zwangsgetauften Muslime – sich als einheimische, legitime Bewohner Iberiens fühlten, davon zeugen die überlieferten Worte eines Granadiner Aristokraten. Bei einer Audienz soll er 1567 zum spanischen König Philipp II. gesagt haben: »Wisset, dass wir hier in Spanien sind und dass wir diese Erde seit neunhundert Jahren besitzen!«

Doch vom Jahr 1609 an wurden alle Morisken endgültig aus Spanien vertrieben, begleitet vom ratlosen Schweigen der meisten Zeitgenossen. Zwei Jahrhunderte später deuteten erzkatholische und konservative Historiker diesen radikalen Akt der Verdrängung in ein Gesetz der spanischen Geschichte um, als hätte es die langjährige Duldung Andersgläubiger durch christliche Herrscher nie gegeben.

Genau 500 Jahre nach dem Sieg über Granada erkannte der spanische Staat 1992 den Islam als Religionsgemeinschaft an. Allerdings wurde das Rechtsabkommen bis heute nicht wirklich mit Leben erfüllt. Vielmehr beschwören rechtsextreme, aber auch islamistische Kreuzzugsrhetoriker eine mythische »Reconquista« herauf, die kaum noch Spuren der Realgeschichte trägt.

Vielleicht einigen sich die Spanier eines Tages auf die besondere Perspektive ihres Nationaldichters, die die beiden Stränge der Geschichte ihres Landes in sich vereint? Miguel de Cervantes kämpfte als katholischer Patriot 1571 gegen die osmanischen Glaubensfeinde, wie einst seine Vorfahren im Mittelalter gegen die Muslime gekämpft hatten. Doch zugleich erfand er als christlicher Humanist im *Don Quijote* die tragische Figur des Morisken Ricote, der aufrichtig um sein verlorenes »Vaterland« trauert. ■

MONIKA WALTER
ist Romanistin und Autorin des Buches »Der verschwundene Islam? Für eine andere Kulturgeschichte Westeuropas«

ABSCHIED DER VERBANNTEN
Verzweifelt harren Familien ihrer Deportation: Die mehr als 300.000 zwangsgetauften Muslime werden von 1609 an aus Spanien vertrieben, die meisten nach Nordafrika

Eine Brücke von Ost nach West

1506 erhält Michelangelo eine Einladung vom Sultan aus Istanbul. Soll er sie annehmen und den Papst brüskieren? VON SVEN BEHRISCH

Am 17. April 1506 bricht Michelangelo Buonarroti, 31-jährig und weltberühmt, Hals über Kopf von Rom nach Florenz auf. Eigentlich ist es eine Flucht, denn er hat Papst Julius II. beleidigt, seinen Geldgeber und Förderer. Der Papst ist wütend, aber Michelangelo ist wütender, weil der Papst ihm seinen Lohn nicht auszahlt, für die Vorbereitungen eines Werks, das zu den herrlichsten zählen soll, die je aus Marmor geschlagen wurden. Er fühlt sich verkannt und verraten. Und er will sich rächen.

Bei dem Werk handelt es sich um das Grabmal von Julius II., das sich dieser noch zu Lebzeiten errichten lassen will. Es soll so groß werden, dass der Papst entscheidet, dafür gleich eine größere Kirche, einen neuen Petersdom zu bauen. Das allerdings klappt schon aus finanziellen Gründen nicht gleichzeitig. Deshalb bekommt Michelangelo weder Geld noch Ruhm, da das Grabmal fürs Erste warten muss.

In Florenz glaubt sich Michelangelo vor den Häschern des Papstes sicher. In seiner Heimatstadt hat er kurz zuvor sein bisheriges Meisterwerk vollendet und in dreijähriger Arbeit den *David* aus Carrara-Marmor gehauen. Er hat keinen Zweifel, der größte unter den lebenden Bildhauern zu sein. Michelangelo, das wissen wir von seinem Vertrauten und Biografen Condivi, schäumt, dass der Papst ihn behandelt wie einen Handwerker, den man vertröstet und warten lässt. Da kommen ihm die beiden Franziskanermönche gerade recht, die eines Tages an seine Tür klopfen.

Sie überbringen ein Schreiben aus dem Osmanischen Reich. Sultan Bayezid II. lädt ihn ein, nach Istanbul zu kommen und eine Brücke zu errichten. Nicht irgendeine, sondern die herrlichste, längste und prachtvollste Brücke, die jemals erbaut wurde. Sie würde ihn reich machen und, noch viel wichtiger, unsterblich.

Es wäre die ultimative Rache am Papst, wenn er nun für dessen ärgsten Konkurrenten arbeiten würde. Gerade ein halbes Jahrhundert ist es her, dass Bayezids Vater Mehmed II. 1453 Konstantinopel erobert hat, die einstige Kapitale Ostroms. Außerdem könnte Michelangelo einen ungelieb-

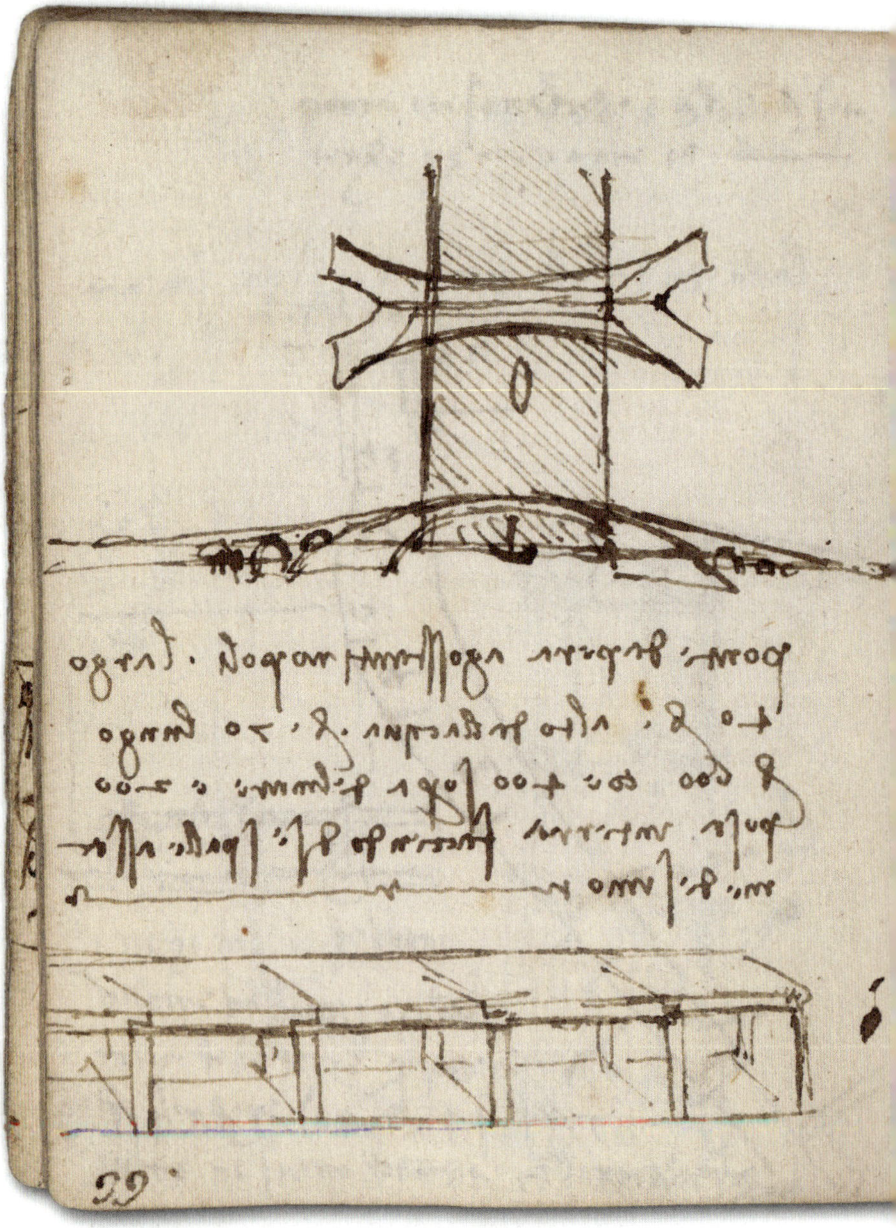

BELASTBAR: Leonardo da Vinci hat seinen Entwurf für eine Brücke über das Goldene Horn in sein Skizzenbuch gezeichnet; er schrieb in Spiegelschrift

ten Rivalen ausstechen, Leonardo da Vinci, der bereits eine Skizze für eine Brücke nach Istanbul übersandt hat. Offenbar taugt dessen Entwurf nichts, sonst wären sie ja nicht zu ihm gekommen. Vieles spricht dafür, den Auftrag anzunehmen und in die Geschichte einzugehen als der Baumeister, der Orient und Okzident verband.

Michelangelo erkundigt sich, wie der Osmanen-Herrscher denn so sei. Zu dieser Zeit hält sich ein gewisser Tommaso di Tolfo in Florenz auf, ein Kaufmann, der seit vielen Jahren in Istanbul lebt. Er rät ihm ab. Bayezid II., ein frommer Muslim, verehre zwar die Ingenieurleistungen des christlichen Westens, aber er hasse die Künstler. Michelangelo würde unter ihm mehr leiden als unter dem Papst.

Da die Sache eine politische ist, schreibt ihm auch Piero Soderini, der De-facto-Machthaber in Florenz. Er teilt ihm mit, dass Papst Julius nicht mehr böse auf ihn sei und sich wünsche, der Künstler möge in seine Dienste zurückkehren. Soderini hat gehört, dass Michelangelo mit dem Gedanken spiele, für die Osmanen zu arbeiten, und droht ihm mit Konsequenzen für sein Seelenheil. Für Michelangelo geht es um Stolz und Ehre, um Ost oder West, um Leben oder Tod. Wie soll er sich entscheiden?

»IL TERRIBILE«: Michelangelo, Kupferstich von 1841

Der französische Schriftsteller und Orientkenner Mathias Énard hat diese Frage in dem Roman *Erzähl ihnen von Schlachten, Königen und Elefanten* beantwortet. Énard erzählt, wie Michelangelo sich in Ancona nach Istanbul einschifft und vom Großwesir empfangen wird, er rekonstruiert – teils aus Briefen und Notizen, die Michelangelo zu jener Zeit schrieb – die Situation in der fremden Stadt, die anders, größer und kosmopolitischer ist als alles, was Michelangelo kennt. Ihn verunsichern die gewaltige Hagia Sophia mit ihrer mächtigen Kuppel, die Basare, die Gerüche und das babylonische Gemisch von Stimmen und Völkern. Um ihn herum leben und arbeiten Muslime, Christen, Armenier, Genueser Kaufleute, alle friedlich mit- und nebeneinander. Zwischen den Moscheen und Kirchen sieht er Synagogen, erbaut für die Juden, die der Sultan aus Spanien und Portugal vor der Reconquista gerettet hat.

Die Brücke, deren Bau Michelangelo angetragen wurde, soll das Goldene Horn überspannen, einen 350 Meter breiten Seitenarm des Bosporus auf der europäischen Seite Istanbuls, der die Altstadt mit den vor allem europäisch und jüdisch besiedelten Stadtteilen Galata und Pera verbinden soll. Michelangelo bekommt eine Werkstatt, Assistenten und alle Mittel, die er will. Doch er braucht die Werkstatt nicht, in der man ihm zur Inspiration ein Modell von Leonardos Brücken-Entwurf aufgebaut hat. Michelangelo studiert das Modell, dann haut er es in einem seiner Wutausbrüche in Stücke. Schon in Italien nannte man ihn wegen seines Temperaments *»Il Terribile«*.

Michelangelo hatte keine architektonische Ausbildung und, wenn man seinen Äußerungen glaubt, dass alle Künste der Bildhauerei unterlegen seien, wohl auch kein gesteigertes Interesse an der Baukunst, zumindest in seinen jüngeren Jahren. Doch bei Énard lesen wir: Am Ende gibt es einen Entwurf für einen mächtigen Bau, der sich in vier Bögen über das Meer schwingt. Michelangelo sieht noch, wie die Fundamente in den Boden getrieben werden, die Fertigstellung aber erlebt er nicht. Denn beim verheerenden Erdbeben von 1509 unter dem Marmarameer, das einen Tsunami auslöst, wird die Brücke zerstört.

Tatsächlich gab es das Erdbeben, bei dem Tausende starben und weite Teile Istanbuls verwüstet wurden. Aber es gab keine Brücke im Bau, keinen Michelangelo in Istanbul, noch nicht einmal eine Skizze. Énards Erzählung ist eine Fiktion, ein Gedankenspiel, was hätte geschehen können, wenn Michelangelo, der in Rom einige der bedeutendsten Werke der christlichen Kunst schuf, auch Istanbul, das muslimische Anti-Rom, mitgebaut hätte. Aber das tat er nicht.

Michelangelo hatte auf den Rat des Florentiner Geschäftsmanns gehört und war in Florenz geblieben. Doch gut zehn Jahre später schrieb ihm derselbe Tommaso di Tolfo einen Brief: Es gebe nun einen neuen, äußerst kunstsinnigen Sultan, der bereit sei, Unsummen für Kunst und Architektur auszugeben. Nun sei der richtige Moment für Michelangelo, nach Istanbul zu kommen, er würde dort hofiert werden wie ein König. Zu diesem Zeitpunkt allerdings konnte das Michelangelo nicht mehr reizen – er wurde ja längst auch in Europa hofiert wie ein König.

Auch mit Julius II. war er versöhnt. Der beauftragte ihn zwei Jahre nach ihrem Streit damit, die Decke der Sixtinischen Kapelle zu bemalen. Mit dem Grabmal dagegen war er noch lange nicht fertig, es sollte ihn insgesamt 40 Jahre beschäftigen. Als es vollendet war, überwachte Michelangelo als neuer Baumeister des Petersdoms den Bau der gewaltigen Apsis mit der imposanten Kuppel darüber, größer als jene der Hagia Sophia.

Bis eine Brücke über das Goldene Horn gebaut wurde, sollte es noch 400 Jahre dauern. Und noch viel später, 1973, fanden Ingenieure und Architekten einen Weg, Europa und Asien über den einen Kilometer breiten Bosporus mit einem Bauwerk zu verbinden. Wenig später entdeckte man im Istanbuler Palast-Archiv die Brückenskizze, die Leonardo da Vinci dem Sultan geschickt hatte. Sie sah einen einzigen, eleganten Bogen vor, hoch genug, dass selbst große Schiffe mit vollen Segeln darunter hindurchpassten. Die Ingenieure des Sultans hielten das Bauwerk für unausführbar. Doch vor einigen Jahren hat man die Pläne am Massachusetts Institute of Technology in Cambridge durchgerechnet und auf Realisierbarkeit am Bosporus geprüft. Über das Ergebnis wäre Michelangelo sehr, sehr wütend geworden: Die Brücke hätte tatsächlich gehalten. ■

SVEN BEHRISCH *ist Journalist und lebt in Hamburg*

Geschichte,

UMZINGELT
Vom Kahlenberg aus preschen christliche Reiter heran, das Heer der Osmanen ist in Aufruhr: Der Kampf entbrennt im Meer der Zelte der Belagerer vor Wien. Zeitgenössisches Gemälde des flämischen Künstlers Frans Geffels

die nicht vergeht

1683 belagert zum zweiten Mal eine Armee des Osmanischen Reichs die Hauptstadt der Habsburger. »Die Türken vor Wien« ist eine Großerzählung des christlichen Europas. Sie wirkt bis heute nach VON FLORIAN GASSER

KONTRAHENTEN
Der Großwesir Kara Mustafa (oben) befehligt 1683 die osmanischen Truppen, die Wien erobern sollen – und unterliegt einer christlichen Streitmacht, die vom polnischen König Jan Sobieski angeführt wird

Seit Mitte Juli steht Wien unter Beschuss. Es ist Herbst im Jahr 1683, und osmanische Soldaten heben Gräben und Sprengstollen bis an die Stadtbefestigung aus. Das Hauptlager ihres Oberbefehlshabers Kara Mustafa liegt auf der Schmelz, die damals aus Wiesen und Ackerflächen besteht, westlich über der Inneren Stadt. Von der Höhe überblickt Mustafa die eigenen Stellungen und das Ziel seines Angriffs. Wenige Tage nach Beginn der Belagerung war Wien vollständig eingeschlossen. Nun, Mitte September, wissen alle: Bald kommt es zur entscheidenden Schlacht. Etwa 120.000 osmanische Soldaten warten auf den Sturmbefehl.

Wien ist für das Osmanische Reich mehr als nur eine weitere Stadt. Es ist ein Kızıl Elma – wörtlich ein roter oder auch ein »goldener Apfel«, das Symbol für ein christliches Reich. Konstantinopel war der erste Apfel, Budapest der zweite, nun soll Wien folgen, der goldene Apfel der Habsburger. Die Hauptstadt kontrolliert den strategisch wichtigen Donaukorridor und weitere Landrouten. Zugleich ist sie der Ort einer türkischen Niederlage: 1529 scheiterte Sultan Süleyman der Prächtige an ihrer Eroberung. Kara Mustafa will das Werk nun vollenden. Auch er wird scheitern. Seine Belagerung Wiens aber steigt auf zum Symbol – und wirkt bis heute nach.

Für die Wiener ist die Lage zermürbend. Mit kaum 30.000 Mann versuchen sie, ihre Stadt zu halten. Kanonenkugeln schlagen auf die Außenwerke, der Krieg im Untergrund beginnt. In den Kellern der Verteidigungswälle warten Männer über Wasserbottichen auf Vibrationen, um Stollen der Türken zu finden, und setzen Gegenminen. Unter den Belagerten breiten sich Krankheiten wie die rote Ruhr aus. Am 8. August erreichen osmanische Trupps die Mauer, doch überwinden können sie das Bollwerk nicht.

Während Wien standhält, rückt Hilfe heran: Entsatzheere christlicher Verbündeter sammeln sich bei Passau, die polnisch-litauische Armee marschiert im August aus Krakau in Richtung Wien. Angeführt wird sie von Jan Sobieski, dem König von Polen und Großfürsten von Litauen.

Am 7. September treffen die christlichen Heere bei Tulln an der Donau zusammen, vier Tage darauf besetzen sie den Kahlenberg und den Leopoldsberg, Schlüsselpositionen im Norden oberhalb der Stadt – das ist der Ausgangspunkt der Entscheidung. Am 12. September stoßen die Soldaten zwischen den beiden Höhen hinab; stundenlang wird im Westen der Stadt gekämpft, über Vorstädte und Schanzen. Am späten Nachmittag brechen polnische Reiterangriffe die Front auf. Die Osmanen geben ihr großes Lager auf. Ihr Rückzug findet erst bei Schwechat, ein ganzes Stück östlich vor Wien an der Donau, wieder eine Ordnung. Die Belagerung ist beendet. Etwa 40.000 osmanische Soldaten sind gestorben. Ihr Anführer Kara Mustafa wird später in Belgrad auf Befehl des Sultans erdrosselt. Sobieski zieht dagegen als strahlender Sieger und Befreier in Wien ein. Er wird gefeiert als Retter der Stadt.

Der Sieg am Kahlenberg markiert einen Wendepunkt: Das Vordringen der osmanischen Heere nahm hier sein Ende. Tiefer ins europäische Kernland kamen sie nicht mehr. Betrachtet man die Sache allein politisch, folgte die Rivalität zwischen Habsburgern und Osmanen der Logik von Imperien: Beide hatten ihre Interessen an Land und Macht, und durch die Nachbarschaft in Südosteuropa kamen sie sich über Jahrhunderte hinweg vor allem auf dem Balkan und in Ungarn in die Quere.

Doch der Konflikt wurde rasch religiös aufgeladen. Hier kämpfte das Abendland gegen das Morgenland, das Christentum gegen den Islam. Papst Clemens VI. rief Mitte des 14. Jahrhunderts – die Kreuzfahrerstaaten waren längst gefallen – erneut zu Kreuzzügen auf; diesmal allerdings nicht gegen arabische Muslime, sondern gegen die »Türken«, nun die angeblichen Erbfeinde der Christenheit. Die Osmanen wurden in lang anhaltender Propaganda zu Barbaren einer niedrigen Kulturstufe stilisiert.

Die erste türkische Niederlage 1529 fiel in eine Zeit großer Umwälzungen, als nach 1517 durch Luthers Thesen die Reformation Europa erschütterte. Gleichzeitig expandierte das Christentum brutal in die Neue Welt, 1521 eroberte der Spanier Hernán Cortés die Aztekenhauptstadt Tenochtitlan, das heutige Mexico-City. In diesem Jahrhundert, schreibt die Literaturwissenschaftlerin Marina Münkler, »stehen sich Chaos und Ordnung, Selbstgewissheit und tiefe Verunsicherung, Aufbruchs- und Endzeitbewusstsein, Umbruch und Konsolidierung, Wagemut und Verzweiflung nicht nur gegenüber, sondern vermischen sich in einer Weise, die das Jahrhundert als ein alchemistisches Labor erscheinen lassen, aus dem neue Lebensformen und Wissensordnungen hervorgehen.«

Auch Protestanten instrumentalisierten die »Türkengefahr«: Die Ausdehnung des Osmanischen Reichs deuteten sie als Strafe Gottes – und als Folge katholischer Verkommenheit. Das gesamte Osmanische Reich wurde auf »die Türken« verkürzt, dabei war es ein Vielvölkerstaat. Grausamkeit und Tyrannei sagte man den Osmanen nach sowie Gottlosig-

keit – ein Bild, das sich im Gedächtnis des christlichen Europas fest etabliert hat.

In der Auseinandersetzung zwischen Habsburg und den Osmanen gab es Phasen heftiger Kämpfe, aber auch lange Zeiten, in denen beide Seiten anderswo gebunden waren. Insgesamt wurden zwischen 1526 und 1792 acht Kriege ausgefochten.

Schon vor dem ersten »richtigen« Waffengang drangen 1478 tatarische Streifscharen in Kärnten und Krain ein; sie gingen brutal vor, die regionalen Herrscher waren hilflos – die »Türkenangst« griff um sich. Nach der Niederlage Ungarns bei Mohács 1526 eroberten die Osmanen fast das gesamte ungarische Königreich und rückten vor, bis sie drei Jahre später vor Wien gestoppt wurden – nicht durch die militärische Geschicklichkeit der Österreicher, sondern eher durch das schlechte Herbstwetter.

Zu jener Zeit verbündete sich König Franz I. von Frankreich mit dem Sultan – die Allianz eines christlichen mit einem nichtchristlichen Reich, ein Rückschlag für die Habsburger.

Der Krieg mit den Osmanen wurde eingefroren: Kaiser Karl V. war in Übersee beschäftigt, der Sultan im Mittelmeer. Von der heutigen Slowakei über Westungarn und Kroatien bis zur Adria errichteten die Habsburger nun eine »Militärgrenze« mit Festungsanlagen und Zehntausenden Soldaten. Weil sie wie so oft knapp bei Kasse waren – zu knapp, um dieses Grenzschutzprojekt zu finanzieren –, wurde eine »Türkensteuer« eingeführt, je nach Reichstag und Region variierend, summiert auf Millionen Gulden und verteilt auf die Reichsstände.

Über Jahrzehnte prägte diese befestigte Grenze, die das Habsburgerreich im Südosten schützen sollte, den Alltag der »Grenzgesellschaft«. Es gab Wehrbauern mit Sonderrechten, ethnisch gemischte Garnisonsorte und einen rechtlich-kulturell eigenen Saumraum, in dem die Kriegsvorsorge zur sozialen Ordnung wurde. In diesem Raum entstand ein militärisches Sonderregime mit eigenständigen Rechtsverhältnissen und Landzuteilungen. Die Stadt Graz in der Steiermark wurde zum logistischen und administrativen Drehkreuz, wenn es darum ging, die Grenze gegen die »Türkeneinfälle« zu sichern.

An der Wende zum 17. Jahrhundert flammte der Kampf um Ungarn wieder auf, und es kam, auch aufgrund der Grenzbefestigung, zu jahrelangen Stellungskämpfen westlich und östlich der Donau, in Kroatien und in der Walachei. Im November 1606 schlossen die Parteien Frieden, der einige Jahre hielt.

Den Dreißigjährigen Krieg 1618 bis 1648 und den Englischen Bürgerkrieg zwischen 1642 und 1649 trugen die Europäer ohne osmanische Einmischung aus – auch wenn Herrscher aus Böhmen und England mehrfach versuchten, den Sultan als Unterstützer zu gewinnen. Erst in den 1660er-Jahren spitzte sich der Konflikt wieder zu und führte zur zweiten Belagerung Wiens.

Die heftige Niederlage von 1683 wog für die Osmanen schwerer als jene von 1529. Sie waren so grundsätzlich geschlagen, dass die Habsburger eine Offensive wagten. Auf den »Kahlenberg« folgte der »Große Türkenkrieg«: Unter Prinz Eugen von Savoyen verfolgte die österreichische Armee die abziehenden osmanischen Truppen, eroberte 1686 Buda und schließlich Ungarn; auch Siebenbürgen fiel im Frieden von Karlowitz 1699 an die Casa Austria.

Im 18. Jahrhundert folgten weitere Kriege, doch der Konflikt zwischen Wien und Konstantinopel/Istanbul trat immer mehr in den Hintergrund. Als Europa 1815 neu geordnet wurde, war nicht mehr Habsburg, sondern Russland der große Gegner des osmanischen Imperiums. Im Krimkrieg zwischen 1853 und 1856 erhielt der Sultan Unterstützung von Frankreich und Großbritannien gegen die Russen, im Ersten Weltkrieg wurden Habsburger und Osmanen,

FELDZEICHEN
Am Stephansdom huldigt ein Steinaltar aus dem 17. Jahrhundert dem Franziskaner Johannes Capistranus aus Italien, der im 15. Jahrhundert gegen die Osmanen kämpfte. Hier obsiegt er, das Banner des Kreuzzugs in der Hand, über einen »Türken«, der sich unter ihm krümmt

TROPHÄE
Diese Standarte verloren osmanische Truppen bei der Schlacht um Wien 1683 an ihre christlichen Gegner. Sie ist geschmückt mit der Schahada, dem islamischen Glaubensbekenntnis

die einstigen Rivalen, schließlich Verbündete. Und vier Jahre später waren beide Imperien verschwunden.

Die religiöse Aufladung aber bestand fort. Die Propagandaschlachten hatten bereits im Spätmittelalter begonnen: Wien stilisierte sich zum Bollwerk der Christenheit, die Abwehr des Islam schien eine heilige Pflicht. »Die Türken« wurden zum Synonym für Muslime. In Messen wurden »Türkenpredigten« gehalten, um Angst vor der Gefahr des Islam zu verbreiten; Flugschriften berichteten von Grausamkeiten; Wappen zeigten abgehauene Türkenköpfe. Am Stephansdom steht bis heute die Statue des Franziskaners Johannes Capistranus von 1738 auf einem besiegten Osmanen.

Erst im Laufe des 18. Jahrhunderts, als die »Türkengefahr« vorerst gebannt schien, veränderte sich die Perspektive: Aus dem grausamen Türken wurde der »noble Osmane«. Türkisches kam in Mode, Gemälde und Romane erzählten von der fremden Kultur. Die Musik der Janitscharen, der Elitetruppe des Sultans, wurde auch in Wien integriert: Große Trommeln im Orchester etwa gingen auf die Militärmusik des Nahen Ostens zurück; der »Janitscharenzug«, eine technische Erweiterung an manchen Klavieren, imitierte Pauken und Schellenschläge. Opern wie Mozarts *Entführung aus dem Serail,* die 1782 in Wien Premiere feierte, bedienten das Interesse am Exotischen und spiegelten zeitgenössische Orient-Klischees. In Preußen war »Janitschar« eine Zeit lang die offizielle Bezeichnung eines Militärmusikers.

In Wien und an vielen Höfen Europas stieg das Orientalische zur Mode auf: Man schmückte sich mit türkischen Stoffen und Möbeln, rauchte Tabak, lud zur Kaffeezeremonie und deckte sich mit entsprechenden Accessoires und Kleidern ein. Die Turquerie als spielerische Aneignung des Fremden wurde zum Alltag im Schloss und in der Stadt.

Der Austausch war nun groß – und er begann bereits während der Auseinandersetzungen. Reiseberichte zeichnen ein überraschendes Bild der »wilden Barbaren«: Der Diplomat Ogier Ghislain de Busbecq wurde 1554 von Wien nach Konstantinopel geschickt, um Sultan Süleyman Frieden anzubieten. Er berichtete von disziplinierten, genügsamen Soldaten des Sultans – im Kontrast zu den eigenen, die Ansprüche stellten und ihre Zeit mit Mahlzeiten vertrödelten. »Sie sind es gewohnt, zu siegen, wir, besiegt zu werden«, schrieb Busbecq nach Hause.

Und es bildeten sich Mythen, zum Beispiel jener, der besagte, die Wiener Kaffeehauskultur gehe auf die Osmanen zurück. Diese hätten nämlich beim Rückzug 1683 säckeweise Kaffeebohnen vergessen. Richtig ist: 1670 wurden die Juden aus Wien vertrieben, die Silberversorgung brach ein. Der osmanische Händler Johannes Theodat sprang ein und erhielt von Leopold I. das Privileg, in Wien Kaffee, »das türkische Getränk«, zu verkaufen – und eröffnete in der heutigen Rotenturmstraße das erste Kaffeehaus der Stadt.

Trotz alledem hält sich das Bild des angeblich fremden, brutalen, mit westlichen Werten nicht kompatiblen »Türken« hartnäckig, bis heute. Der Konflikt zwischen Kaiser und Sultan wird als jahrhundertelange Dauerkonfrontation beschrieben, was er so nicht war. In deutschsprachigen Darstellungen ist noch in den Siebzigerjahren vom »Aufeinanderprall divergierender Kulturen« zu lesen. 2002, als über EU-Beitrittsgespräche mit der Türkei diskutiert wird, schreibt der Bielefelder Historiker Hans-Ulrich Wehler in der ZEIT, »das muslimische Osmanenreich« habe etwa 450 Jahre lang gegen »das christliche Europa nahezu unablässig Krieg geführt«. Es dürfe niemals Mitglied werden.

Als Heinz-Christian Strache 2005 die Freiheitliche Partei Österreichs (FPÖ) übernimmt, setzt er gezielt auf antimuslimische und antitürkische Ressentiments. Ein Teil seines Repertoires: die Erinnerung an die Belagerungen Wiens. Comics zeigen Strache als Superhelden, der mit Prinz Eugen einschlägt, gemeinsam verteidigen sie das christliche Abendland. In Wahlkämpfen erscheinen antimuslimische Reime: »Pummerin statt Muezzin«. Tatsächlich soll die Pummerin, die Glocke des Stephansdoms, aus zurückgelassenen osmanischen Kanonen von 1683 gegossen worden sein.

Straches Kampagnen fallen auf fruchtbaren Boden, insbesondere im Osten Österreichs. In vielen Gemeinden um Wien erinnern bis heute Straßennamen, Denkmäler und lokale Überlieferungen an die Belagerungen. 2017 untersuchen Christian Ochsner und Felix Rösel, Forscher des ifo-Instituts in Dresden, wie stark die FPÖ in jenen Bezirken

WEITERLESEN
Klaus-Jürgen Bremm: »Die Türken vor Wien. Zwei Weltmächte im Ringen um Europa« WBG Theiss, Freiburg 2025

zulegte, in denen fast 500 Jahre zuvor die Türken durchgezogen waren. Das Ergebnis: Wo das Heer der Osmanen gewesen war, gewinnt die FPÖ ein Zehntel mehr Wähler als in Orten, die verschont geblieben waren. Bei anderen historischen Invasionen ist ein ähnlicher Effekt nicht messbar.

»Activated History« heißt das Phänomen, wenn lang zurückliegende Ereignisse im kollektiven Gedächtnis gespeichert sind und durch politische Akteure wieder wachgerufen werden. Die Sinnbilder aus jener Zeit – vom »goldenen Apfel« über das »Bollwerk der Christenheit« bis zur Pummerin – liefern bis heute wirksame Geschichten, die sich mit Emotionen aufladen lassen.

Auch im Europäischen Parlament setzt man auf diese Erinnerung. Im Jahr 2023 fordert eine rechtspopulistische Allianz aus FPÖ, AfD, der italienischen Lega und dem niederländischen »Forum für Demokratie«, den 12. September zu einem EU-weiten Feiertag zu machen: Damals, am 12. September 1683, seien »europäische Werte« durch Zusammenarbeit »erfolgreich verteidigt« worden; die Ereignisse seien der »Anfang vom Ende der türkischen Hegemonialpolitik« gewesen.

Auf dem Wiener Kahlenberg erinnert bis heute die St. Josefskirche an die Belagerung. Dort auf der Höhe soll ein Kapuzinerpater 1683 am Tag der entscheidenden Schlacht eine Messe gelesen haben – mit Polens König Jan Sobieski als Ministrant. Der Segen für die Truppen, so heißt es, habe zum Sieg beigetragen. Für polnische Wallfahrer ist die Kirche deshalb bis heute ein wichtiger Ort, auch Papst Johannes Paul II. war 1983 zu Besuch. Jedes Jahr wird am 12. September ein *Te Deum laudamus* mit polnischen Bischöfen gesungen: *Großer Gott, wir loben dich.* ■

FLORIAN GASSER
leitet das Büro der ZEIT in Wien

Selber schuld?

In der Neuzeit gerät die islamisch geprägte Welt ins Hintertreffen – obwohl sie dem christlichen Europa lange voraus war

VON DANIEL G. KÖNIG

DÄMMERUNG
Die Macht islamischer Reiche schwand, als Westeuropa erstarkte. Das Bild aus dem Jahr 2023 zeigt die Hagia Sophia in Istanbul im Abendlicht

Wenn Europäer mit Trump hadern, wenn sie sich Sorgen machen über das Erstarken Chinas und seiner Verbündeten, dann liegt dies auch an ihrer historischen Erziehung. Sie sind es gewohnt, ihren weltgeschichtlichen Weg als Geschichte des Aufstiegs zu betrachten. Seit dem späten 18. Jahrhundert besagt die vorherrschende Lehre, dass Europa und »der Westen« die Welt entdeckt, erobert und auf einen höheren Zivilisierungsgrad gehoben hätten. In der Aufklärung findet man dieses Denken ansatzweise bei Herder, im Zeitalter des Kolonialismus bei Hegel, während des Kalten Krieges nuanciert in William McNeills *The Rise of the West* von 1963 und nach dem Zusammenbruch der Sowjetunion triumphalistisch bei Francis Fukuyama in dessen *The End of History* von 1992.

Folgt man populärwissenschaftlichen Geschichten des Westens aus den vergangenen beiden Jahrzehnten, sind die fetten Jahre wohl vorbei. Ian Morris stellte sich 2010 die Frage, warum der Westen überhaupt »noch« herrsche. Niall Ferguson versuchte 2011, mit den *»six killer apps of Western power«* neoliberal gegen China und Indien aufzurüsten. Und nun, da Russland neoimperiale Gelüste hegt und der nordamerikanische Partner unzuverlässig wird, nagen die Zweifel noch stärker am europäischen Selbstverständnis.

Das war nach der Jahrtausendwende anders. Unter dem Titel *What Went Wrong?* veröffentlichte Bernard Lewis 2002 einen Abgesang auf die sogenannte islamische Welt, der auch ein Lobgesang auf den Westen war. In dem Buch, das auf Deutsch *Der Untergang des Morgenlandes* heißt, erklärte der bekannte Orientalist, was schiefgelaufen sei. Er beschrieb den Islam als Religion, die zu sehr von ihrer Überlegenheit überzeugt gewesen sei. Anfangs hätten die Eroberungen im 7. und 8. Jahrhundert dieses Überlegenheitsgefühl bestätigt, dann die wirtschaftlich-kulturelle Blüte des riesigen Expansionsraumes, der von der Iberischen Halbinsel bis ins heutige Pakistan reichte.

Muslime hätten es folglich als unnötig erachtet, sich ernsthaft mit ihren nicht muslimischen Nachbarn auseinanderzusetzen. Daher hätten sie nicht bemerkt, wie nördlich des Mittelmeers ein Konkurrent aufstieg, der durch Renaissance, Reformation, Wissenschaftsrevolution, Aufklärung und Industrialisierung den Weg in die Moderne fand. Im 19. Jahrhundert habe dieser Rivale sich die Herrschaft über den Globus gesichert und dabei die islamische Welt überrollt.

Ein jahrtausendealtes Kulturgefälle kehrt sich um

Der von Lewis beschriebene Umschwung fand statt: Von der Frühgeschichte bis etwa ins 13. Jahrhundert importierten Gesellschaften des europäischen Kontinents fundamentale Kulturgüter aus Westasien und Nordafrika – die Schrift, den Monotheismus, indo-arabische Ziffern, Papier, Zucker und vieles mehr. Dann aber wurde die islamisch geprägte Sphäre immer stärker zum Rezipienten europäischer Waren, Technik, Wissenschaft und Literatur. Ein jahrtausendealtes welthistorisches Gefälle kehrte sich langsam um.

Die essenzialistische Erklärung für den Umschwung wurde allerdings angezweifelt, etwa von Edward Said, einem Gründervater der postkolonialen Theorie. Er sah in Lewis' These einen Ausdruck jenes abwertenden westlichen Denkens gegenüber der islamischen Welt, das er 1978 in seinem Buch *Orientalism* dokumentiert hatte. Besonders kritisierte er Lewis' Behauptung, der Drang nach Wissen über den Rest der Welt sei reiner Neugier entsprungen und ein Kennzeichen europäischer Kultur.

Wenn aber ein angeblich islamisch bedingter Mangel an Neugier und ein europäischer Erkenntnisdrang nicht für die Umkehrung des welthistorischen Gefälles ausschlaggebend waren, was dann?

Die islamische Welt des 7. bis 11. Jahrhunderts und das Europa des 16. bis 20. Jahrhunderts durchliefen einen vergleichbaren Prozess – Erstere im europäisch-asiatisch-afrikanischen Raum, Letzteres auf globalem Niveau. Zunächst erfolgte die imperiale Expansion. Im neuen Machtgebiet wurden übergreifende Standards etabliert: rechtliche und soziale Normen, Maßeinheiten, eine Leitsprache. Als das Machtgebiet zerfiel, verblieb ein kultureller Großraum, in dem diese Standards fortlebten und Verbindungen zwischen verschiedenen Regionen förderten.

So entstand parallel zum Zerfall des Kalifats eine Art mittelalterlich-islamisches Commonwealth, das Asien, Afrika und Europa verband und einen regen Austausch ermöglichte. Lange Zeit war dieses Commonwealth politisch mächtiger, wirtschaftlich stärker und wissenschaftlich innovativer als die christlichen Gesellschaften Europas. Im 16. Jahrhundert begannen dann europäische Mächte, verschiedene Teile der Erde miteinander zu verknüpfen. Ihre Standards setzten sie nun global.

Zahlreiche Debatten drehen sich um die Frage, ob Europas neuzeitlicher Aufstieg Impulsen aus der islamisch geprägten Welt zu verdanken ist. Man hat behauptet und bestritten: Die arabisch-islamische Expansion habe Europa erstmals vom Mittelmeer abgeschottet und zu einem eigenständigen Kulturraum werden lassen. Die muslimische Aggression habe die Kreuzzüge und die »Reconquista« provoziert, aus denen Europa für die spätere Expansion gelernt habe. Die europäische Wissenschafts-, Geistes- und Literaturgeschichte sei maßgeblich von arabischen Texten beeinflusst worden. Nautische Kenntnisse aus der arabisch-islamischen Sphäre und die osmanisch-timuridische Blockade der Seidenstraße hätten die Suche nach einem Seeweg nach Asien befördert – und somit die Entdeckung Amerikas. Und die Reformation habe sich nur dank der osmanischen Bedrohung durchsetzen können.

Was auch immer man von diesen Thesen hält: Ohne die kulturelle Inspiration und die geopolitische Herausforderung der islamisch geprägten Welt hätten sich Europa und der Westen anders entwickelt.

Im 11. Jahrhundert begannen europäische Gesellschaften, sich Horizonte zu erkämpfen, die den islamisch geprägten Nachbarn bald nicht mehr zur Verfügung standen. Im Norden des Mittelmeerraums sahen diese sich ideologisch aggressiven, zunehmend erfolgreichen europäischen Christen gegenüber. Vom Osten her zerstörten im 13. Jahrhundert die Mongolen etablierte Strukturen, während dank der Pax Mongolica die ersten europäischen Händler und Missionare nach Asien reisten.

Die Zeit muslimischer Stärke war noch nicht vorbei: Die Mamelucken in Ägypten, die Rasuliden im Jemen, die Ilchane im Iran und das Delhi-Sultanat in Nordindien waren ernst zu nehmende Mächte. Während sich der Islam auf dem Malaiischen Archipel verbreitete, stiegen mit den Osmanen, den Safawiden und dem Mogulreich im 16. Jahrhundert drei Großreiche auf. Allerdings waren sie alle im bekannten europäisch-afrikanisch-asiatischen Raum verankert. Ihr Weltmeer war der Indische Ozean. Weder der weit entfernte Atlantik noch der riesige Pazifik waren für sie Ausgangspunkt für Expeditionen zu neuen, stimulierenden Grenzen. Für sie gab es keine atlantische oder pazifische *frontier,* kein ressourcenreiches »Niemandsland«, keine technisch unterlegene indigene Bevölkerung, mit deren Rohstoffen und deren Arbeitskraft man mehrere Weltreiche aufbauen konnte, in denen die Sonne nie unterging.

Die islamisch geprägte Welt lernt vom Aufstieg Europas

Die Europäer hingegen durchliefen an der *frontier* eine Schulung in sozialer Organisation, Wirtschaft und Logistik. Wenn man von einem »europäischen« Geist sprechen will, dann nicht als Charakteristikum eines *Homo europaeus,* sondern als Mentalität der organisierten und organisierenden Erschließung, die wir auch vom alten Rom und von den expandierenden Muslimen kennen. Doch der Horizont war nun erstmals global.

Um den Preis vieler Menschenleben errichteten die Europäer moderne Staaten und gewaltige Kolonialimperien – und verarbeiteten neues Wissen und neue Impulse. Dies beförderte nicht nur ihre weltweite Herrschaft, sondern löste auch radikale Umwälzungen aus. Bewährte politische und religiöse Organisationsformen verloren an Glaubwürdigkeit: Der Adel wurde entmachtet, die Kirche zurückgedrängt, Arbeit und Gewalt wurden durch Industrialisierung effizienzsteigernd mechanisiert. So kam es im 19. und 20. Jahrhundert in Europa zu massiven sozialen und politischen Konflikten, die zahlreiche Opfer kosteten. Auch das ist »Moderne«.

Europas Aufstieg wurde in der islamisch geprägten Sphäre des 19. Jahrhunderts beobachtet, so von Hayreddin Pascha, ursprünglich ein Sklave aus dem Kaukasus und von 1878 bis 1879 Großwesir des Osmanischen Reichs. In seinem Werk *Der sicherste Pfad zu Wissen über die Zustände der Reiche,* das er 1866 auf Arabisch und auf Französisch publizierte, lieferte er eine mehrseitige Liste europäischer Erfindungen seit dem Buchdruck. Damit ermahnte er die muslimischen Traditionseliten, sich nach europäischem Vorbild zu modernisieren, um nicht von Europa verschlungen zu werden.

Bestätigt sein Werk also Lewis' These, die islamische Welt sei überrollt worden? Der arabische Epochenbegriff für das 19. Jahrhundert heißt *nahda,* zu Deutsch »Aufwachen, Erneuerung, Wiedererweckung«. In der islamischen Welt wurde die Moderne als europäisch geprägter Impuls zum Aufbruch verstanden. Das Überrolltwerden erlebte man im Kolonialismus.

Es ist das ewige Lied von Aufsteigern und Absteigern. Wäre der Aufstieg des Westens einem Spezifikum europäischer Kultur zu verdanken, wie Lewis behauptete, käme er nie zu einem Ende. Das ist allerdings nicht das, was wir heute in der Welt beobachten. Derzeit verschieben sich Zentren und Peripherien kultureller Neugier, Organisationsfähigkeit und Expansionskraft. Denn sie sind eben nicht an bestimmte Ethnien, Religionen oder Kulturen gebunden, sondern gedeihen unter günstigen geopolitischen, sozioökonomischen und ideologischen Bedingungen. Wer in den zurückliegenden Jahrhunderten den Globus dominiert hat, wird es nicht unbedingt weiter tun. Auch die islamisch geprägte Welt könnte wieder einflussreich werden, auf durchaus konstruktive Weise. Sie hat die europäische Moderne schließlich überlebt. ■

DANIEL G. KÖNIG *lehrt in München mittelalterliche Geschichte. Sein Buch »Der Westen. Islamisch geprägte Perspektiven« erschien 2025*

IM PULVERDAMPF
Während eines Seegefechts bringen Korsaren ihre Kanonen in Stellung. Das orientalisierende Gemälde entstand 1844

Menschenräuber auf den Meeren

Hunderttausende Europäer werden in der Frühen Neuzeit von muslimischen Korsaren versklavt. In Nordafrika errichten die Piraten sogar eigene Staaten. Aber auch Christen machen Menschen zur Ware

VON HAUKE FRIEDERICHS

Als sie den Gegner bemerken, ist es bereits zu spät. Die *Hoffnung,* ein kleines Handelsschiff unter dänischer Flagge, hat Nantes verlassen und will nach Hamburg. Die sieben Seeleute an Bord, einer von ihnen ist der Schiffsjunge Hark Olufs, versuchen noch, den Korsaren, die Jagd auf sie machen, zu entkommen. Aber im Ärmelkanal schlagen die Angreifer im März 1724 zu. Algerische Kaperfahrer, Schrecken der christlichen Seefahrer vom 16. bis zum 18. Jahrhundert, bringen die *Hoffnung* auf.

Hark Olufs war im Juli 1708 auf Amrum zur Welt gekommen. Sein Vater war Kapitän, und so wurde er selbst ebenfalls Seefahrer. Er fing mit zwölf Jahren als Schiffsjunge an, wie so viele Gleichaltrige aus Nordfriesland. Der Überfall der Korsaren, die als »Barbaresken« in den christlichen Küstenländern Europas gefürchtet wurden, veränderte sein Leben von Grund auf. Die Angreifer verschleppten das Handelsschiff samt Besatzung nach Algier. Der nordafrikanische Stadtstaat war nicht nur die wichtigste Korsarenhochburg in Nordafrika, er war zudem der bedeutendste Umschlagplatz für das »weiße Gold«.

So wurden christliche Sklaven genannt, die wie Hark Olufs gefangen genommen und an die »Korsarenküste« verschleppt wurden. Sie landeten meist auf einem der Sklavenmärkte Nordafrikas. Geschätzt mehr als eine Million Europäer, Männer und Frauen, wurden zwischen 1530 und 1780 von den Korsaren nach Algier, Tunis, Tripolis und Marokko verschleppt und versklavt; viele von ihnen konvertierten zum Islam – unter Zwang oder voller Hoffnung auf Freiheit.

Auf Menschenjagd gingen die Barbaresken auch an Land. Sie überfielen Küstendörfer und nahmen die jungen und gesunden Einwohner mit. Die Christen verfuhren ähnlich an der nordafrikanischen Küste. Der Konflikt zwischen den Barbaresken und den Christen, vor allem Spaniern und dem Malteser-Ritterorden, war religiös aufgeladen, jedoch in erster Linie ökonomisch getrieben. Meist stand die Beute im Vordergrund, nicht der Kampf gegen Andersgläubige.

Aufgeheizt wurde die Auseinandersetzung durch die Reconquista. 1492 hatten die spanischen Könige das Emirat von Granada besiegt und damit die islamische Epoche auf der Iberischen Halbinsel beendet. Viele muslimische Bewohner flohen in den Maghreb. Später vertrieben die Christen zudem die Morisken, ehemalige Muslime, die sich hatten taufen lassen müssen. Von Nordafrika aus kämpften nun viele Geflohene und Vertriebene weiter gegen die Spanier und versuchten, die Christen von der Küste fernzuhalten, zunächst mit geringem Erfolg.

1509 nahmen spanische Truppen Oran ein, ein Jahr später Tripolis. Auch Tunis musste nach einem Feldzug die Herrschaft des Monarchen in Madrid anerkennen und wurde zum Vasallenstaat.

Als der Emir von Algier osmanische Seeräuber um Hilfe gegen spanische Schiffe bat, übernahm einer der Korsaren-Anführer, Horuk Barbarossa, 1516 die Macht in der Metropole. Gemeinsam mit seinem Bruder richtete er den Stadtstaat auf Seeraub aus. Die Gebrüder Barbarossa unterstellten ihr kleines Reich dem Sultan in Konstantinopel und erhielten dafür militärische Unterstützung. Ein Versuch Kaisers Karls V., die Stadt 1541 einzunehmen, scheiterte. Den Angriff hatten Monarch und Kirche mit mittelalterlicher Kreuzzugsrhetorik aufgeladen, heidnische Seeräuber sollten vernichtet werden.

Stattdessen drängten die Barbaresken die Spanier zurück und richteten weitere Korsarenstützpunkte ein. 1574 eroberten sie auch Tunis. Von den Häfen Nordafrikas aus attackierten sie nun weitgehend ungestört den christlichen Handel. Sie machten mit ihren Galeeren nicht nur das Mittelmeer unsicher, sondern stießen durch die Straße von Gibraltar vor und bedrohten die Atlantikküsten Portugals, Spaniens und Frankreichs. Die Barbaresken setzten auch gekaperte Segelschiffe ein und zwangen Seeleute aus Nordeuropa, ihre Raubzüge zu unterstützen. Ihre Reichweite vergrößerte sich damit erheblich. Selbst die Britischen Inseln wurden nun zum Ziel, und 1627 fiel sogar ein isländisches Dorf einem überraschenden Angriff zum Opfer.

Die Europäer versuchten mal mit Gewalt, mal mit Diplomatie, dieses Problem in den Griff zu bekommen. Mit den Herrschern in Algier, Tunis und Tripolis sowie in marokkanischen Regionen schlossen sie Verträge. So zahlten England, Frankreich und die Niederlande zeitweilig Tribut an die Machthaber in Nordafrika, damit Schiffe unter ihrer Flagge nicht mehr attackiert wurden. Zudem gingen die europäischen Monarchen gelegentlich Allianzen mit den Barbaresken ein, wenn sie in Kriegen gegen andere christliche Herrscher deren Unterstützung benötigten.

GEKREUZIGT, GEMARTERT, VERBRANNT
Die Darstellung aus dem Buch »Schau-Platz Barbarischer Sclaverey« von 1694 soll die Grausamkeit der muslimischen Sklavenhalter illustrieren

Kleinere Staaten wie Hamburg und Bremen hatten das Nachsehen. Für sie war es ungleich schwerer, mit den Potentaten Nordafrikas in diplomatische Beziehungen zu treten. Schiffe unter ihrer Flagge wurden zum bevorzugten Ziel der Barbaresken.

Den Angehörigen von verschleppten Seeleuten und Reisenden blieb meist nur der Versuch, ihre Verwandten freizukaufen. Auch die Eltern von Hark Olufs versuchten das. Sie baten den dänischen König um Hilfe, zu dessen Reich Amrum gehörte, sie liehen sich Geld, verschuldeten sich. Dem Vater gelang es sogar, einen Hark Olufs an der Barbareskenküste freizukaufen. Aber er hatte den falschen Nordfriesen ausgelöst, einen Mann gleichen Namens. Der vermisste Sohn war zu diesem Zeitpunkt bereits nicht mehr in Algier.

Ein Kaufmann hatte den Jugendlichen erworben und nach kurzer Zeit weiterverkauft. »Bey diesem Herrn war ich ohngefehr 14 Tage, und [es] war meine Arbeit, eins und das andere im Garten zu bestellen, ingleichen Maulbeer-Blätter für meines Patrons Seiden-Würmer einzusammlen, und hiernächst Wasser zu tragen und das Hauß rein zu halten«, schrieb Olufs später in seinen Erinnerungen.

Danach wechselte er erneut den Besitzer, sein neuer Herr gehörte zu den mächtigsten Männern der Region. Der Bey von Constantine, also der Fürst der gleichnamigen Provinz, machte Olufs zu einem seiner Lakaien. Der lernte verschiedene Sprachen am Hof, gewann die Gunst des Beys und stieg auf. Zunächst zum »Ober-Kassierer«, eine Art Schatzmeister, dann zu einem Befehlshaber bei der Kavallerie.

An der Seite des Beys zog Hark Olufs in Gefechte. Er war bei Weitem nicht der einzige Europäer, der dem Herrscher diente. Mehrere Dutzend Renegaten arbeiteten für ihn, also christliche Sklaven, die zum Islam übergetreten waren. In Nordafrika machten viele Renegaten Karriere, kommandierten Kaperschiffe oder übernahmen wichtige Posten in den Barbareskenstaaten.

Andere Sklaven mussten in Steinbrüchen oder als Ruderer auf den Galeeren schuften. In Briefen schilderten sie ihr Schicksal und baten um Freikauf. Das Lösegeld gehörte zu den wichtigsten Einnahmequellen der Barbaresken, aber bei Weitem nicht jeder Angehörige konnte sich den Freikauf leisten. In Kirchen sammelte man für die armen Christensklaven, ihre Bittbriefe, die von ihrem Schicksal kündeten, wurden als Flugblätter veröffentlicht.

Sklavenmärkte gab es aber auch auf der anderen Seite des Mittelmeeres, in Venedig etwa oder in Genua. Zudem verdienten europäische Kaufleute im transatlantischen Sklavenhandel zwischen Afrika und Nordamerika gewaltige Vermögen mit menschlicher Massenware. Dennoch wurde vor allem die Sklaverei der Muslime im christlichen Europa angeprangert.

Auch die Europäer zwangen Hunderttausende auf die Ruderbänke und ketteten sie dort an, unter ihnen Häftlinge aus Gefängnissen, zur Zwangsarbeit Verurteilte und Kriegsgefangene. Tausende mussten bei großen Gefechten rudern, etwa bei der Seeschlacht von Lepanto im Jahr 1571, in der die Heilige Allianz verschiedener christlicher Mächte und des Papstes gegen die Flotte des osmanischen Sultans kämpfte. Einer der Seesoldaten, der für Spanien ein Beiboot kommandierte, erfuhr bald am eigenen Leib, wie es den Sklaven an Bord erging: Miguel de Cervantes, der später als Dichter bekannt wurde und mit *Don Quijote* Weltliteratur verfasste.

Vier Jahre nach der Schlacht von Lepanto wurde Cervantes an Bord einer Galeere von algerischen Korsaren gefangen genommen. Sie verschleppten ihn nach Algier. Dort wurde er Sklave und kam erst nach fünf Jahren frei, als ein katholischer Mönchsorden ihn auslöste.

In Geschichten wie *El amante liberal* schilderte Cervantes, wie nordafrikanische und osmanische Potentaten christlichen Sklavinnen nachstellten.

Europäische Publizisten beschrieben die Bewohner Nordafrikas häufig als lüstern, grausam und unzivilisiert. Die Barbaresken, die im staatlichen Auftrag kaperten und ihre Herrscher an der Beute beteiligen mussten – nicht anders als französische und niederländische Korsaren oder britische Freibeuter –, wurden meist als brutale Piraten gezeichnet. Das Los der Sklaven schilderten die Autoren als grausam, ihre Gefangenschaft habe nicht nur Leib und Leben bedroht, sondern auch den Glauben und damit das Seelenheil, weil die Muslime mit Tricks oder sadistischen Methoden versucht hätten, Christen zum Übertritt zum Islam zu bewegen.

So wirkte die Barbareskenküste in mancher Literatur wie ein Kreis der Hölle. In dem Buch *Schau-Platz Barbarischer Sclaverey* von 1694 waren Kupferstiche abgedruckt, die das Dasein der Christensklaven als Martyrium darstellten, mit Folterungen und blutrünstigen Strafen wie dem Kreuzigen, Vierteilen, Pfählen und Verbrennen.

Solche drastischen Schilderungen sollten wohl auch dafür sorgen, dass genügend milde Gaben für den Freikauf zusammenkamen. In Kirchen standen Spendendosen, die in Ketten gefesselte Sklaven zeigten, mit flehendem Gesichtsausdruck. Zudem traten ehemalige Sklaven öffentlich auf, erzählten vom Leiden in der »Barbarey« und baten um Mittel für die Auslösung ihrer Leidensgefährten. In Hamburg entstand 1624 die »Sklavenkasse«, eine Lösegeld-Versicherung, in die Seeleute einzahlen mussten, um ihren Freikauf finanzieren zu können. Sie gilt als die erste deutsche Sozialversicherung überhaupt.

Hark Olufs gelangte schließlich in Freiheit, ohne dass für ihn Lösegeld gezahlt wurde. Er war ein Sonderfall und wurde nach zwölf Jahren freigelassen – so dankte der Bey ihm für seine Tapferkeit im Kampf. Olufs kehrte nach Amrum zurück. Obwohl er behauptete, nicht zum Islam konvertiert zu sein, wurde er abermals getauft. Zum Gottesdienst ging er oft in »osmanischen Gewändern«, wurde auf der Insel später über ihn berichtet. Mitgebracht hatte er aus Nordafrika offenbar ein erhebliches Vermögen, er soll zu den reichsten Männern der Insel gehört haben.

Die Barbaresken schlugen weiter auf dem Mittelmeer und dem Atlantik zu. Allerdings stießen sie im 18. Jahrhundert auf immer mehr Gegenwehr. England, die Niederlande und Frankreich schickten zunehmend Strafexpeditionen an die nordafrikanische Küste. Die Stadtstaaten Algier, Tripolis und Tunis konnten mit der maritimen Aufrüstung der Europäer nicht mithalten. Linienschiffe mit mehreren Decks voller moderner Bordgeschütze hatten erheblich mehr Feuerkraft als die Galeeren, die oft nur mit drei bis fünf Geschützen bestückt waren. Die Korsaren zogen sich in die Häfen zurück. Daraufhin beschossen europäische Flotten mehrfach Algier und andere Städte. Damit konnten die Überfälle auf See eingedämmt, aber nicht gänzlich beendet werden.

Im Zeitalter des Imperialismus lebte die alte Kreuzzugsrhetorik gegen die Heiden in Nordafrika wieder auf. 1270 hatten die Teilnehmer des siebten Kreuzzugs versucht, Tunis einzunehmen. Diese »bewaffnete Pilgerfahrt«, wie sie genannt wurde, scheiterte vor den Toren der Stadt. 1815 forderte der Lübecker Publizist und Gymnasialprofessor Friedrich Herrmann in einem Aufsatz einen Kreuzzug gegen die Barbaresken und die »Vertilgung« der Seeräuber. Er schlug vor, aus Nordafrika eine Kolonie zu machen, die unter Kontrolle eines neuen Ordens stehen sollte, gebildet aus den besten Söhnen Europas. Herrmanns Texte wurden ins Französische übersetzt.

Im Jahr darauf erschien die Schrift eines anonymen Autors, der »Europas sieggewohnte Heere« ebenfalls zu einem Kreuzzug gegen Nordafrika aufrief. 1830 ging Frankreich dann tatsächlich gegen Algier vor. Erst eroberten Truppen die Küstenstädte, dann das ganze Land, das französische Kolonie wurde. Die Zeit der Barbaresken war damit endgültig vorbei. ■

HAUKE FRIEDERICHS
ist Sicherheitspolitischer Korrespondent der ZEIT

WÜSTENSCHLACHT
Napoleons Garde siegt am 21. Juli 1798 bei Kairo über die Truppen der ägyptischen Mamelucken. Danach ist der Widerstand gebrochen. Louis-François Lejeune inszeniert das Geschehen 1806 für sein Gemälde als epochale Konfrontation in Sichtweite der Pyramiden

Erst Nilparty, dann Moschee-Sturm

In Ägypten huldigt Napoleon 1798 dem Islam. Doch die Muslime wehren sich gegen seine Umarmung – und jagen den Eroberer aus dem Land

VON RALF ZERBACK

Ist es ein Feldzug? Ein Kreuzzug? Ein Abenteuer? Eine Expedition? Napoleon Bonaparte, Frankreichs siegreicher General, nimmt 1798 Kurs auf Ägypten. 35.000 Mann sind an Bord: Soldaten, Wissenschaftler, Techniker. Am 1. Juli gehen die Männer an Land; es ist Nacht, die See ist rau, die Schaluppen tanzen auf den Wellen. »Da wurde dann die erste Trikolore in Afrika gepflanzt«, erinnert sich später der Künstler Vivant Denon. Schon am nächsten Tag fällt Alexandria, dann geht es gen Kairo. Schwitzend, Wollröcke am Leib, die Stiefel voller Sand, manche blind von der gleißenden Sonne, schleppen sich die Männer, beladen mit Muskete und Tornister, nach Südosten voran. Am 21. Juli besiegen sie in der »Schlacht bei den Pyramiden« vor Kairo das Mameluckenheer unter Murad Bey, einem der beiden Regenten.

Die Mamelucken stellen seit 1250 die Herrscherkaste in Ägypten, keine Dynastie, sondern ein Stand, der sich immer wieder neu rekrutiert aus nicht-arabischen Sklaven, die in jungen Jahren militärisch geschult werden. 1517 haben die Osmanen Ägypten besiegt, doch unter der neuen Oberherrschaft können sich die Mamelucken als Regionalfürsten halten.

Napoleon prägt den kolonialen Blick der Europäer auf den »Orient«

Was will Napoleon eigentlich am Nil? Ziel Nummer eins: die Briten empfindlich treffen, deren Handelsweg nach Indien blockieren. Außerdem kommen die Franzosen als Kolonisatoren, wollen Märkte, Stützpunkte, Prestige. Zudem locken Fremdheit und Exotik, das Land soll vermessen und erforscht werden. Gesandt werden die Truppen vom Direktorium in Paris, Frankreichs Regierung, einem grauen fünfköpfigen Gremium, das Napoleons Ruhm zugleich ausbeutet und fürchtet. Der hat kürzlich als 26-Jähriger im Hauruck Ober- und Mittelitalien erobert und dabei sein militärisches Genie bewiesen.

Nun also Ägypten. Erstmals seit 550 Jahren, seit den Kreuzfahrern, betritt eine europäische Armee die »Wiege der Zivilisation«. Damit beginnt der moderne europäische Blick auf die nahöstliche Welt, beginnt jener ominöse »Orientalismus«, den 1978 der Literaturtheoretiker Edward Said beschrieben hat und der bis heute fortwirkt.

Schon Napoleons Soldaten verbinden den Islam mit Fanatismus, Aberglauben, Rückständigkeit und Phlegma. Ergänzt werden solche Abziehbilder durch Stereotype vom exotischen Osten, einer schwül-lasziven, geheimnisvollen, unergründlichen und bedrohlichen Weltgegend, was Faszination stiftet und Verwirrung. Gewiss gibt es auch Respekt und Bewunderung, oft freilich mit gönnerhafter Tönung.

Steht dem ein ägyptischer »Okzidentalismus« gegenüber? Für die Muslime am Nil sind die Eindringlinge bedrohlich und fremd, Ungläubige, ihr Erscheinungsbild lächerlich oder abschreckend, ihre Körperhygiene schauderhaft. Altägyptischer Stolz mischt sich bei den Einheimischen mit islamischer »Rechtgläubigkeit«. Sie empfinden die Franzosen als Barbaren, ihnen zugleich unter- und überlegen.

Napoleon startet eine Charmeoffensive: Er verkündet die Befreiung der Ägypter von den Mamelucken, den Schutz des Islam, Frieden und Sicherheit unter französischer Verwaltung, ja, er behauptet, auch die Franzosen seien Muslime. Der religionsferne Bonaparte umgarnt sowohl die geistliche islamische Elite als auch das einfache Volk, das Heilige verehrt und Wunderheilern folgt.

Beim jährlichen Nilfest im August in Kairo, die Einheimischen versammeln sich am Strom, zeigt sich Napoleon auf einem festlich geschmückten Boot in der orientalischen Dschallabija, einem locker geschnittenen langen Gewand. Um ihn herum stehen die wenigen lokalen Machthaber, die zu den Franzosen übergelaufen sind. Doch Napoleons Nilspektakel verfängt nicht so recht. Der islamische Gelehrte Abd al-Rahman al-Dschabarti behauptet jedenfalls später, die Muslime hätten die Fete am Abend boykottiert, nur Christen – Kopten, Syrer, Orthodoxe und Franzosen – habe man gesehen.

Napoleon und seine Leute sind zu diesem Zeitpunkt längst abgeschnitten von Frankreich, von Nachschub und Verstärkung. Sie können nicht mal mehr zurück, denn Anfang August hat der britische Admiral Lord Horatio Nelson die Eroberer in der Seeschlacht bei Abukir niedergemacht, etliche französische Schiffe versanken in den Gestaden der Bucht.

Peu à peu verwandelt sich die antibritische in eine ägyptische Mission: Man kämpft ums Überleben, studiert das Land – 167 Künstler und Wissenschaftler begleiten die Soldaten – und versucht den Spagat zwischen Aufklärungsexport und Islamrezeption.

Derweil freut Napoleon sich bereits auf das nächste Event. Das Fest des Propheten, so schreibt er an seinen General Honoré Vial, solle »noch prächtiger« ausfallen als das Nilfest. Kurzerhand lässt er den Geburtstag Mohammeds, den Mawlid, der schon vorüber ist, im August über mehrere Tage nachfeiern, gegen den ursprünglichen Willen der Geistlichkeit. Die Muslime versammeln sich zu nächtlichen Pro-

ENTWEIHUNG
Selbst die berühmte Azhar-Moschee in Kairo ist den Franzosen nicht heilig, als sie 1798 einen Aufstand niederschlagen. Der französische Maler Henri Lévy lässt 1875 Bonaparte auf einem Pferd durchs Portal reiten

zessionen im Schein von Fackeln und bunten Lampions, von Tag zu Tag steigern sich der Gesang und das Getöse. Womöglich will man den Ungläubigen aus Europa zeigen, dass die religiöse Identität ungebrochen ist?

Am Morgen des 23. August, dem eigentlichen Festtag, paradiert und salutiert die französische Artillerie dann unter den Klängen einer Militärkapelle »zu Ehren Mohammeds«, wie der Offizier Jean-François Detroye schreibt. Daraufhin legt Napoleon dem ranghohen muslimischen Führer Sajjid Khalil al-Bakri einen Hermelinmantel um und erklärt ihn zum Sprecher der Nachkommen des Propheten. Bonaparte habe damit »die Rolle eines muslimischen Sultans« übernommen, so interpretiert der amerikanische Historiker Juan Cole den Vorgang. Ist es kulturelle Aneignung? Eine Respektsbezeugung? Eine arrogante Umarmung? Oder eine symbiotische Aktion?

Schon am 22. September folgt das »Fest der Republik«: Die Besucher erblicken eine Pyramide aus Segeltuch mit den Namen der getöteten französischen Ägyptenkämpfer, dazu 105 blau-weiß-rote Säulen mit den Bezeichnungen der Départements, einen Obelisken mit der Inschrift »Für die Vertreibung der Mamelucken« (auch auf Arabisch), einen Triumphbogen mit einer Abbildung der Schlacht bei den Pyramiden und einen Portikus mit der Schahada, dem islamischen Glaubensbekenntnis. Es ist ein Ragout aus Republikverehrung, Siegesfeier, Freiheitsfest, Totenkult und Islamhuldigung. Napoleons Vision ist verwaschen, seine Symbolpolitik schillernd.

Und wenig erfolgreich. Denn die Konflikte zwischen Besatzern und Ägyptern werden immer blutiger – zumal der von Napoleon eingesetzte »Diwan«, das beratende Gremium aus lokalen Potentaten, machtlos bleibt. Die französischen »Befreier« brennen ganze Dörfer nieder, weil die Einheimischen sich wehren: Bauern gegen Zwangsabgaben, Geistliche gegen die Entweihung des Islam, Beduinen gegen die ausufernde Kontrolle. Hier und dort streifen zudem noch mameluckische Partisanen durch das Land – unberechenbar, zornig, zwischen Widerstand und Vergeltung.

Dann kommt es zur großen Revolte. Am Morgen des 21. Oktober 1798 erhebt sich die Bevölkerung Kairos. Es beginnt an der Azhar-Moschee, doch die wilde Wut breitet sich rasch in der ganzen Stadt und im Umland aus. Die Ägypter töten sowohl Soldaten als auch Zivilisten und plündern französische Lager. Mit Kanonen lässt Napoleon auf die Stützpunkte der Rebellen feuern. Auch Mann gegen Mann wird gekämpft, in engen Gassen und Häusern. Der »Freund des Islam« jagt seine Männer sogar in die Azhar-Moschee, in den Augen der Gläubigen ein entsetzliches Sakrileg. Nach zwei Tagen haben die Franzosen gesiegt.

Bonaparte kennt keine Gnade. Zur Abschreckung lässt er Rebellen erschießen und geistliche Führer mit dem Schwert enthaupten. Jetzt entfaltet die Kolonialmacht ihre ganze repressive Kraft: In Kairo wird eine Ausgangssperre eingeführt, das Militär patrouilliert. Während Napoleon die Kontrolle verschärft, stilisiert er sich in arabischsprachigen Verlautbarungen zum »Beschützer des Propheten«.

Im Folgejahr plant er einen Präventivschlag gegen die Osmanen, die eigentlichen Herrscher im Nahen Osten, die sich mittlerweile mit den Briten verbündet haben. Frankreichs Truppen marschieren im Februar durch den Sinai und weiter die Küste entlang. In Jaffa zeigt sich Bonaparte erneut von seiner grausamen Seite: Am 7. und 8. März 1799 lässt er Tausende osmanische Gefangene erstechen, erschießen oder ertränken. Während der Eroberung der Stadt kommt es zu Plünderungen, Vergewaltigungen und Massakern an der Zivilbevölkerung. Zugleich geriert sich Napoleon als mitfühlender Feldherr, besucht er doch die an Pest erkrankten Soldaten im Lazarett – eine gleichsam biblische Szene, die später, 1804, zu propagandistischen Zwecken von dem Maler Antoine-Jean Gros festgehalten wird.

Bei Akkon wird der Vormarsch gestoppt. Zwei Monate lang stürmen Napoleons Truppen vergeblich gegen die mächtigen Mauern der alten Kreuzfahrerfeste an, die von osmanischen und britischen Kräften verteidigt wird. Geschlagen ziehen sich die Franzosen nach Ägypten zurück. Ein letzter Sieg über osmanische Invasoren bei Abukir im Juli 1799 stärkt noch einmal Napoleons Ansehen – und wird zum Sprungbrett für seine politische Karriere in Frankreich. Am 23. August verlässt er seine Truppen in Ägypten, am 9./10. November putscht er sich in Saint-Cloud bei Paris an die Macht und lässt sich später zum Ersten Konsul ernennen.

General Jean-Baptiste Kléber übernimmt den Oberbefehl am Nil. Das mindert nicht den Hass der Muslime gegen die Besatzer: Am 14. Juni 1800 wird Kléber von dem syrischen Studenten Suleiman al-

Die Franzosen sind wie im Rausch: Ägypten kommt in Mode

Halabi in Kairo erstochen. Nach Folter und Verurteilung wird der Attentäter bei lebendigem Leib gepfählt, denn modernes und humanes Recht gilt nicht für die Unterworfenen – das ist die koloniale Logik aller Epochen und Länder.

Im September 1801 kapituliert Frankreichs Ägyptenarmee – besiegt von Briten und Osmanen, von Pest, Hitze und Demoralisierung, aber auch vom Widerstand der Einheimischen, die sich partout nicht befreien lassen wollten. Was ist der Ertrag? Der sonderbarste aller napoleonischen Feldzüge versetzt die Franzosen in einen Rausch. Ägyptomanie und Ägyptizismus blühen auf: Bauten, Mode, Möbel, Opern, Malerei. Zugleich bemächtigt sich die Wissenschaft des Landes, befeuert von einem imposanten Erfolg: Mithilfe des im Juli 1799 entdeckten Steins von Rosetta, eines Stelenfragments aus Memphis, werden die Hieroglyphen entschlüsselt.

Von 1809 an erscheinen die Bände der *Description de l'Égypte*; am Ende sind es 23 großformatige Wälzer, die das Land umfassend beschreiben, seine Architektur, seine Flora und Fauna, seinen Alltag, seine Topografie und Geografie. Ein Ergebnis aufgeklärter Wissenschaftsleistung und europäischen Pioniergeistes, aber auch des kolonialen Blicks auf einen »exotischen« Erdteil. Selbstredend war kein ägyptischer Autor beteiligt.

Was Franzosen und Ägypter, Christen und Muslime in den Jahren 1798 bis 1801 an gegenseitigen Erfahrungen machen, wird sich bis 1914 unzählige Male wiederholen: in Ägypten selbst, das 1882 unter britischen Einfluss gerät, in den französischen und spanischen Besitzungen im Maghreb, im italienischen Libyen oder in den britischen Besitzungen auf der Arabischen Halbinsel. Und schon vor Napoleon hatten Portugiesen, Niederländer, Franzosen und Briten in Südasien und Indonesien mit der Kolonisierung begonnen, also in ebenfalls islamisch geprägten Ländern.

Stets waren in den neuen Kolonien des 19. Jahrhunderts die Europäer die Herrschenden, die Muslime die Unterworfenen – das hinterließ tiefe psychologische Spuren. Bei den Beherrschten zeigte sich ein Verlust an Selbstwertgefühl und Identität. Zugleich stärkte der Konflikt mit dem Westen den Islam, der zum Instrument der Abgrenzung und des Widerstands wurde. Der islamische Rechtsgelehrte Dschamal al-Din al-Afghani plädierte für die Einheit des Islam, um dem europäischen Imperialismus zu trotzen. Zahlreiche Rebellionen gegen die Kolonialherren waren religiös-islamisch inspiriert, vom algerischen Dschihad in der ersten Hälfte des 19. Jahrhunderts bis zum 1881 beginnenden Mahdi-Aufstand im Sudan.

Gewiss, es gab auch noch im 19. Jahrhundert Christen unter muslimischer Herrschaft, vor allem im Osmanischen Reich. Doch gerade dieses Imperium weckte europäische Gelüste. Zug um Zug verlor es seine Besitzungen auf dem Balkan, und an den europäischen Kabinettstischen wurden bereits Pläne zur Aufteilung des »kranken Mannes am Bosporus« geschmiedet – auch hier rückten die Muslime also in die Rolle der Verlierer.

Das vermeintlich größte Verständnis für Istanbul und die Lage der Muslime hatte unter Europas Herrschern ausgerechnet Wilhelm II., der deutsche Kaiser. Wenn er das Deutsche Reich als »Schutzmacht des Islam« ausgab, war dies in erster Linie dem Kampf gegen die anderen Kolonialmächte geschuldet.

Die christlich-muslimische Affäre im 19. Jahrhundert war geprägt von Spannungen, Gegensätzen, Missverständnissen – und immer wieder von Gewalt. Die Angehörigen der beiden Buchreligionen fanden trotz gemeinsamer Wurzeln kaum zueinander, von wenigen Ausnahmen abgesehen. Woran bereits Napoleon gescheitert war – die kulturelle Annäherung –, blieb bis zum Ende des Jahrhunderts eine Utopie. ■

RALF ZERBACK *ist Historiker und Journalist. Er lebt in Frankfurt am Main*

ANZEIGE
Wann fliegt Elon Musk zum Mars?
Bin ich der Typ für eine Gruppenreise?
Bleiben Sie neugierig.
Warum ist Sand so ein wertvoller Rohstoff?
Foto: Jörg Modrow/laif

Der letzte Kreuzzug?

Russland sieht sich im 19. Jahrhundert als Schutzmacht der orthodoxen Christen. Die imperiale Politik mündet 1853 im Krimkrieg gegen das Osmanische Reich

VON MELINA MUSFELDT

SIEGESTAUMEL
Der französische General Mac-Mahon erobert am 8. September 1855 mit algerischen Kolonialtruppen die Festung Malakow bei Sewastopol

Wer heute vom »Krimkrieg« liest, denkt womöglich an die russische Annexion der ukrainischen Halbinsel im März 2014. Tatsächlich liegt in der Begründung des Krieges, dem von Russland vorgeschobenen Schutz der russischsprachigen Bevölkerung, eine Parallele zum Krimkrieg von 1853 bis 1856 – nur galt das Schutzargument damals den Christen im Osmanischen Reich. Im 19. Jahrhundert griff das christlich-orthodoxe Russland seinen muslimischen Nachbarn an und führte – zumindest rhetorisch – einen der letzten Religionskriege in Europa.

Anlass für die Auseinandersetzung war ein Streit unter Christen. In den 1840er-Jahren eskalierte der Konflikt zwischen katholischen und orthodoxen Gläubigen um den Zugang zu den heiligen Stätten in Jerusalem, das damals im Osmanischen Reich lag. Der russische Zar Nikolaus I. nutzte die religiösen Spannungen für seine machtpolitischen Ziele und rief zu einem Kreuzzug zum Schutz der orthodoxen Christen im Osmanischen Reich auf.

Die Verteidigung der eigenen Religion galt im zaristischen Russland als maßgebliches Politikprinzip. Bereits seit Mitte des 17. Jahrhunderts hatte Russland immer wieder Kriege gegen muslimische Nachbarn geführt, um eine Ausbreitung des Islam unter türkischer Führung in seinen südlichen Grenzgebieten zu verhindern. Tatsächlich wuchs dort die muslimische Bevölkerung durch hohe Geburtenraten und Bekehrung nomadischer Stämme stetig an. Russland versuchte dies durch brutale Vertreibungen und durch Ansiedlung christlicher Siedler zu unterbinden. Heute würde man von »ethnischen Säuberungen« sprechen.

Im Krimkrieg wollte der Zar die russische Einflusszone auf dem Balkan ausbauen und den Zugang zum Schwarzen Meer sichern, was die europäischen Großmächte Frankreich und Großbritannien sowie Sardinien-Piemont auf den Plan rief. Großbritannien fürchtete ein Erstarken des geopolitischen Rivalen, wollte die russische See- und Landmacht begrenzen und die Meerengen kontrollieren. Frankreich strebte unter Napoleon III. vor allem nach außenpolitischer Profilierung.

Der Krieg begann 1853, als Zar Nikolaus I. Truppen in die osmanisch kontrollierten Donaufürstentümer Moldau und Walachei schickte, um dort einen Aufstand der slawischen Bevölkerung gegen die osmanischen Herrscher zu provozieren. Rasch griff der Krieg auf den Kaukasus und die Schwarzmeerregion über. Das Osmanische Reich ersuchte um Unterstützung. 1854 griffen Frankreich und Großbritannien militärisch ein, und auch Österreich drohte, sich dem antirussischen Bündnis anzuschließen. Daraufhin zog der Zar seine Truppen aus den Fürstentümern ab und führte den Krieg auf der 1783 von Russland annektierten Krim weiter.

Dort begannen die Alliierten 1854, den russischen Marinestützpunkt Sewastopol zu belagern. Eine bis dahin beispiellose Materialschlacht begann – 120 Kilometer Schützengräben wurden ausgehoben, 150 Millionen Geschosse abgefeuert, fünf Millionen Bomben und Granaten gezündet. Die Verluste waren enorm: Allein auf dem Soldatenfriedhof von Sewastopol wurden mehr als 127.000 Gefallene bestattet. Insgesamt starben während des Krieges mehr als 600.000 Soldaten, zwei Drittel davon Russen. Die Franzosen verloren etwa ein Drittel ihrer Kämpfer, die Briten ein Fünftel, die Türken ungefähr die Hälfte ihrer entsandten Männer.

Im September 1855 musste Russland in Sewastopol kapitulieren. Der Pariser Frieden vom 30. März 1856 zwang das Zarenreich, seine Ansprüche auf die Donaufürstentümer aufzugeben und seine Schwarzmeerflotte aufzulösen. Die Niederlage wurde in Russland als massive Demütigung empfunden, zugleich erwuchs aus der Verteidigung Sewastopols jedoch ein neuer Patriotismus, gepaart mit wachsendem Groll gegen die Westmächte. Das Osmanische Reich blieb unabhängig, ging aber trotzdem geschwächt aus dem Krieg hervor: Zum Erbe des Konflikts gehörte ein Berg von Schulden und die Abhängigkeit von den westlichen Mächten.

Neueste Kriegstechnik in einem religiös überhöhten Machtkampf

Bis heute ist umstritten, inwieweit der Krimkrieg ein Religionskrieg war. Er begann, so viel steht fest, in den Gassen Jerusalems: Hier entbrannte zwischen katholischen und orthodoxen Geistlichen ein Konflikt um Zutrittsrechte, Karfreitagsrituale und Privilegien an den heiligen Stätten – ein theologisch aufgeladener Symbolkampf unter Christen, der auch mit Fäusten ausgetragen wurde und den die selbst ernannten Schutzmächte Frankreich und Russland jeweils für ihr Prestige nutzen wollten.

Der britische Historiker Orlando Figes hat gezeigt, wie Zar Nikolaus I. die Verteidigung des orthodoxen Glaubens als heilige Mission inszenierte. Figes nennt die Agitation in Predigten und Presse einen »letzten Kreuzzug«. Er argumentiert, der Krieg sei von den Eliten und der Öffentlichkeit als Glaubenskampf gerahmt worden, wenngleich auf dem Schlachtfeld andere Gesetze gegolten hätten: Die Frontverläufe auf der Krim und die Belagerung Sewastopols folgten der Logik moderner Kriegsführung, nicht kreuzzüglerischer Eroberungspolitik.

Auch der britische Historiker Geoffrey Hosking betont, dass sich das Selbstverständnis des russischen Zarenreichs als Schutzmacht der Orthodoxie untrennbar mit dem imperialen Streben nach Macht, Prestige und Einfluss verbunden habe. Religion sei kein Beiwerk gewesen, sondern Teil der staatlichen DNA – und gerade deshalb politisch instrumentalisierbar. Die sakralisierte Herrschaftsideologie habe dem Krieg moralische Wucht verliehen, ohne ihn in der Zielsetzung zu einem Religionskrieg zu machen.

Die wohl einflussreichste Gegenthese zur religiösen Deutung liefert der amerikanische Historiker David M. Goldfrank, der klar unterscheidet zwischen dem Auslöser, dem Streit um die heiligen Stätten, und den imperialen Ursachen des Krieges: Durch den russischen Expansionsdrang und den Verfall des Osmanischen Reiches drohte die europäische Machtpolitik aus dem Gleichgewicht zu geraten. Die Religion erklärt laut Goldfrank, warum die Bevölkerungen den Krieg mittrugen, aber nicht, warum er geführt wurde.

So steht der Krimkrieg als religiös überhöhter europäischer Machtkampf gleichsam zwischen den Zeiten. Er gilt als der erste moderne Krieg, der mit industriell produzierten Waffen geführt wurde und in dem neue Technologien wie Telegrafie und Fotografie den Nachrichtenfluss beschleunigten und eine neue Ära der Kriegsberichterstattung einleiteten. Zugleich war er ein rückwärtsgewandter Krieg, der das Zeitalter der Kreuzzüge noch ein letztes Mal aufflackern ließ. ■

MELINA MUSFELDT
ist Mitarbeiterin von ZEIT Geschichte

GEWALTVERBRECHEN
Nahe Aleppo beugt sich eine Frau während des Völkermords an den Armeniern über ein am Boden liegendes Kind. Hunderttausende armenische Frauen und Kinder wurden 1915 von türkischen Nationalisten auf Todesmärsche ins heutige Syrien geschickt, die Männer waren oft bereits ermordet worden

»Im Tod verflochten«

Das Osmanische Reich gerät Ende des 19. Jahrhunderts immer tiefer in die Krise. Die jungtürkische Bewegung sieht die Rettung in einem religiös homogenen Nationalstaat – und lässt die christlichen Armenier ermorden VON JÖRN LEONHARD

Rafael de Nogales stammte ursprünglich aus Südamerika und diente seit Ausbruch des Ersten Weltkriegs als Kavallerist in der Armee des Osmanischen Reichs. Im Juni 1915 berichteten ihm türkische Offiziere in großer Offenheit, dass im Gebiet von Sairt im Südosten Anatoliens mit der Ermordung von Armeniern und anderen christlichen Gemeinschaften begonnen werden sollte. Als Nogales in dem Ort eintraf, entdeckte er an der Hauptstraße einen Hügel, der »mit Tausenden von halbnackten und noch blutenden Körpern« bedeckt war, »die dort in Haufen lagen, in einer letzten Umarmung im Tod verflochten. Väter, Brüder, Söhne und Enkel lagen so, wie sie durch die Kugeln oder die Yataganen der Mörder gefallen waren.« Auch prägten sich Nogales die lokalen Polizisten und Angehörigen der muslimischen Bevölkerung ein, die sich an den Plünderungen der Opfer, ihrer Geschäfte und Wohnungen beteiligten.

VERTREIBUNG
Muslimische Flüchtlinge aus der Stadt Strumica im heutigen Nordmazedonien kampieren 1913 bei Thessaloniki. Während des Ersten Balkankriegs haben griechische, serbische und bulgarische Truppen als orthodoxe Christen gegen die osmanische Herrschaft gekämpft

Von früheren, spontanen Pogromen unterschied sich diese Gewalt durch ihre Planung und Systematik, in die Behörden, Militär und Polizei verwickelt waren. Der Genozid an den Armeniern und anderen nichtmuslimischen Minderheiten kostete bis zum Beginn der Zwanzigerjahre bis zu 1,5 Millionen Menschen das Leben. Die Gewalt kulminierte 1915/16, aber die Ursprünge der Konflikte zwischen den Religionsgruppen im multiethnischen Osmanischen Reich lagen weiter zurück. Und sie begleiteten nicht allein den Weltkrieg, sondern auch den Übergang zwischen dem zerfallenden Imperium und der bis 1923 neu entstehenden Türkischen Republik.

Den Umgang mit ethnischen und religiösen Minderheiten regelte im Osmanischen Reich über lange Zeit das sogenannte Millet-System. Es schrieb den Schutz des Sultans für nichtmuslimische Bevölkerungsteile wie Armenier und Juden im Gegenzug für besondere Steuerleistungen fest, die diese Gruppen zu entrichten hatten. Die Beziehungen zwischen dem Sultan und diesen Minderheiten wurden durch die Religion bestimmt. Ethnische Gruppen wurden durch religiöse Zuordnungen voneinander abgegrenzt: Griechen etwa kennzeichnete ihre Zugehörigkeit zum orthodoxen Christentum.

Für die Regierung in Istanbul fungierten die Vertreter der nichtmuslimischen Religionsgruppen traditionell als wichtigste Ansprechpartner. Ihnen kam die Aufgabe zu, die Steuern zu erheben und ihre Zahlung zu veranlassen. Im Gegenzug genossen sie in wirtschaftlichen und rechtlichen Fragen sowie bei der Verwaltung ihrer Religionsgruppen weitgehende Autonomie. Zudem wurden nichtmuslimische Gruppen gegen Zahlung einer speziellen Steuer nicht zum osmanischen Militärdienst herangezogen. Im 19. Jahrhundert bestand diese Tradition zunächst fort, und so behandelten die Behörden christliche Minderheiten wie Armenier und Aramäer oder auch Juden als Angehörige autonomer Gemeinschaften.

Doch das traditionelle Millet-System geriet in der zweiten Hälfte des 19. Jahrhunderts unter Druck. Die Konkurrenz zu den europäischen Großmächten, vor allem zum expandierenden Zarenreich im Gebiet des Schwarzen Meeres und des Kaukasus, sowie zahlreiche Kriege führten zum Verlust von Territorien. Der Rückzug der Osmanen ließ in Südosteuropa ein Machtvakuum entstehen, das die internationalen Beziehungen belastete und die Spannungen zwischen Petersburg und Wien um den Einfluss in Südosteuropa verschärfte. Doch die »Orientalische Frage« hatte auch weitreichende Konsequenzen für die innere Entwicklung des Osmanischen Reichs. Angesichts der Kette militärischer Niederlagen erschien das Imperium, dessen Expansionsdrang in den 1680er-Jahren noch bis nach Wien gereicht hatte, den Zeitgenossen seit dem letzten Drittel des 19. Jahrhunderts immer mehr als »kranker Mann am Bosporus«. Mit diesem Ausdruck verwiesen Beobachter auf das warnende Beispiel eines imperialen Niedergangs durch dauernde Verletzungen der territorialen Integrität von außen.

Viele muslimische Offiziere und Beamte erlebten diese Niederlagen als Demütigung, vor allem weil die europäischen Großmächte eine besondere Schutzfunktion für die christlichen Minderheiten innerhalb des Osmanischen Reichs reklamierten, so zum Beispiel das Zarenreich für die orthodoxen Christen. In den Augen der osmanischen Eliten hatte das Imperium nur eine Zukunft, wenn es durch innere Reformen nach dem Vorbild moderner Nationalstaaten modernisiert werde und den anderen Großmächten auf Augenhöhe begegnen könne.

Entsprechend reagierten osmanische Politiker auf die Krise. 1876 kam es vor dem Hintergrund der Konfrontation mit Russland zur Verabschiedung einer Verfassung und zur Einrichtung eines Parlaments durch Sultan Abdülhamid II. Programmatisch setzten die osmanischen Eliten auf eine eigene imperiale Idee als Integrationsinstrument, den sogenannten Osmanismus. Auf seiner Grundlage sollten prinzipiell alle Untertanen des Sultans unabhängig von ihrer Religionszugehörigkeit mit gleichen Rechten und Pflichten ausgestattet werden. Um Rechtsprechung, Verwaltung, Finanzen, Infrastrukturen und vor allem das Militär zu modernisieren, setzte die Regierung bewusst auf den Austausch mit europäischen Experten, etwa mit deutschen Militärberatern.

Anfangs wollen die Jungtürken noch Reformen im Namen des Osmanismus

Die Ergebnisse dieser Anstrengungen waren widersprüchlich. Die Verfassung wurde wieder suspendiert, der Sultan setzte auf eine stärkere Zentralisierung der Herrschaft und eine Personalunion von Sultanat und Kalifat, mit der eine Betonung des Islam einherging. Doch in den von Istanbul weiter entfernten Provinzen fehlten für eine solche Politik die Ressourcen. Vor allem provozierte diese Politik Widerstände der Gruppen, die bislang größere Autonomie genossen hatten, und stärkte etwa in Albanien, Kurdistan und den arabischen Provinzen das ethnisch-religiöse Sonderbewusstsein. Hier wurde die Kluft unübersehbar zwischen der Politik der Behörden, die zum Beispiel den 1900 begonnenen Bau der Hedschas-Bahn nach Mekka und Medina zum symbolischen Projekt des Sultan-Kalifen machten, und der Angst der lokalen Bevölkerungen, ihren traditionellen Status einzubüßen.

Als die Politik Abdülhamids II. in eine Krise geriet, weil sich trotz aller Anstrengungen die außenpolitische Defensive des Osmanischen Reichs fortsetzte und der südosteuropäische Machtbereich beschleunigt erodierte, putschten im Juli 1908 jungtürkische Offiziere. Viele von ihnen hatten längere Zeit in französischen und preußischen Militärakademien oder Generalstäben verbracht und Institutionen wie Schulpflicht, Wahlrecht und Wehrpflicht studiert, mit deren Hilfe die Gleichheit der Staatsbürger umgesetzt werden sollte. Für diese jungtürkische Elite schien jetzt der Augenblick gekommen, die Reformen im Sinne des Osmanismus durchzusetzen.

So erzwangen sie die Wiedereinsetzung der Verfassung, die Wahl eines Parlaments mit Vertretern der unterschiedlichen Ethnien und Religionsgruppen sowie die Einführung einer allgemeinen Wehrpflicht. Im Juli 1908, nach der faktischen Machtübernahme der Jungtürken, erklärte ihr Führer Enver Bey: »Wir sind alle Brüder: Es gibt keine Bulgaren, Griechen, Serben, Rumänen, Juden oder Muslime mehr. Unter demselben blauen Himmel sind wir alle gleich und rühmen uns, Osmanen zu sein. [...] Es lebe die Osmanische Nation!«

Tatsächlich sah die neue Verfassung die Wehrpflicht für alle Bürger ohne Ausnahme vor. Aber wie bei den früheren Reformanläufen offenbarte sich auch jetzt wieder der Gegensatz zwischen der Euphorie in der Metropole und der konkreten Praxis. Während im Istanbuler Parlament bulgarische, griechische und jüdische Vertreter den Wehrdienst als Ehrendienst für das osmanische Vaterland feierten, fürchteten Finanzfachleute den Staatsbankrott, weil die Einnahmen aus den Steuern zum Freikauf vom Militärdienst wegfielen. Der türkische Abgeordnete Habib Bey beharrte darauf, dass die Rekrutierung von mehr als 300.000 Nichtmuslimen ohne militärische Erfahrung unverantwortlich sei. Auch fürchtete er, dass die Mobilisierung der diversen Gruppen im Kriegsfall schon aufgrund der Sprachenvielfalt im Chaos enden könne. Griechische Bevölkerungsgruppen forderten gesonderte militärische Einheiten für die verschiedenen Religionsgruppen, zahlreiche andere Nichtmuslime versuchten sich der Rekrutierung ganz zu entziehen. Das wiederum provozierte viele Muslime, die den Minderheiten fehlende Loyalität vorwarfen.

Nach 1912 spitzte sich die Situation zu. Zwar gab es nun nichtmuslimische Einheiten im osmanischen Militär, aber die Reihe militärischer Niederlagen setzte sich in den Balkankriegen fort. In der Öffentlichkeit verwies man immer öfter auf den

REFORMER
Der osmanische Sultan Abdülhamid II., hier fotografiert 1867 als Thronanwärter, versucht unter Druck, das Reich zu erneuern

NATIONALIST
Talaat Pascha ist im Ersten Weltkrieg Innenminister des Osmanischen Reichs und mitverantwortlich für den Völkermord an den Armeniern

angeblichen Verrat der nichtmuslimischen Gruppen, sodass die Idee eines integrativen Osmanismus weiter unter Druck geriet.

Die Mehrheit der jungtürkischen Politiker und Offiziere plädierte jetzt für einen aggressiveren türkischen Nationalismus als Kern des Imperiums, dem sich die nichtmuslimischen Gruppen unterzuordnen hätten. Welche Sprengkraft diese Ethnisierung der Politik hatte, zeigte sich in den Balkankriegen, als türkische Offiziere fragten, wie loyal die christlichen Soldaten im osmanischen Heer überhaupt sein könnten, wenn man in Südosteuropa gegen orthodoxe Griechen, Bulgaren oder Serben kämpfe. Im Weltkrieg wurde dieses Motiv der unterstellten Illoyalität der Nichtmuslime zum Ausgangspunkt für die genozidale Gewalt.

Dass die ursprünglich integrative Idee des Osmanismus vor 1914 von der Vorstellung eines nationalistischen Imperiums verdrängt wurde, hatte noch einen weiteren Grund. Denn bei der Aufteilung südosteuropäischer Gebiete kam es im Zuge der Balkankriege 1912/13 zur massenhaften Vertreibung von Muslimen und auch bereits zu systematischer ethnischer Gewalt. Die aus Südosteuropa in das Osmanische Reich vertriebenen Muslime verstärkten ihrerseits die Spannungen zwischen den verschiedenen ethno-religiösen Gruppen, indem sie Armenier und andere christliche Gemeinschaften für die Vertreibungen mitverantwortlich machten und deren Loyalität offen infrage stellten.

Zum Durchbruch kam der türkische Nationalismus 1913 mit dem faktischen Staatsstreich des radikalen Flügels der Jungtürken gegen die konservative Regierung, die im Jahr zuvor an die Macht gekommen war. Aus Sicht der Jungtürken hatte der Ausgang der Balkankriege bewiesen, dass das Osmanische Reich nur eine Zukunft habe, wenn der nationaltürkische Kern gestärkt und der Einfluss aller nichtmuslimischen Gruppen zurückgedrängt werde.

Angehörige der jungtürkischen Elite wie Innenminister Talaat Pascha agierten nun als Vertreter eines aggressiven türkischen Nationalismus und strebten nach einem ethnisch homogenen Staat. Für die traditionelle Vorstellung eines gestuften Nebeneinanders verschiedener Ethnien und Religionen war in diesem Konzept kein Platz mehr. Orientiert an der modernen Nationsidee anderer europäischer Staaten, sahen die Jungtürken in einem homogenen Empire die Garantie für Entwicklungsfortschritte nach innen und politische Überlebensfähigkeit nach außen.

Nach 1914 werden die christlichen Minderheiten immer stärker ausgegrenzt

Mit Beginn des Ersten Weltkrieges setzten jungtürkische Politiker und Offiziere immer systematischer auf die Ausgrenzung und Entrechtung der Nichtmuslime. Dabei spielten die Armenier von Anfang an eine besondere Rolle. Als angesichts antichristlicher Pogrome gegen Ende des 19. Jahrhunderts die europäischen Großmächte innere Reformen im Osmanischen Reich erzwingen und so ihren Einfluss auf die osmanische Politik verstärken wollten, war erstmals die Möglichkeit diskutiert worden, zwei armenische Provinzen mit besonderen Autonomierechten unter internationaler Aufsicht einzurichten. In den Augen der Jungtürken hätte dies die territoriale Integrität des Osmanischen Reichs weiter ausgehöhlt, zumal diese Provinzen nicht an der Peripherie des Imperiums gelegen hätten, sondern im ostanatolischen Kerngebiet. So schienen die Armenier die Ohnmacht des Imperiums gegenüber äußerem Druck in besonderer Weise zu verkörpern.

Während des Weltkrieges suspendierte die Regierung diese Pläne und verstärkte ihre Ausgrenzungspolitik. Dahinter stand auch das Motiv, eine nationaltürkisch dominierte Wirtschaft zu entwickeln, denn viele Gewerbebereiche waren bislang von ausländischen Eigentümern und jüdischen sowie christlichen Unternehmern dominiert worden, die von besonderen Steuerbefreiungen profitierten. Schon in den ersten Monaten des Krieges setzte eine gezielte Politik gegen nichtmuslimische Unternehmer und Geschäftsleute ein, deren Opfer vor allem Griechen und Armenier wurden.

Die Ausgrenzung der christlichen Minderheiten ging in wirtschaftliche Enteignung und Entrechtung über und steigerte sich 1915 zum systematischen Mord an den Armeniern, der Hunderttausende das Leben kostete.

Nach der Niederlage des Osmanischen Reichs setzten die Alliierten 1918 zunächst darauf, die für den Genozid an den Armeniern Verantwortlichen anzuklagen und zu verurteilen. Viele von ihnen flohen ins Exil nach Deutschland und lebten unter falschem Namen im Land des ehemaligen Bündnispartners. Ex-Innenminister Talaat Pascha versteckte sich in Berlin, wo er 1921 einem Attentat eines Exilarmeniers zum Opfer fiel.

Verstärkten sich schon dadurch die Spannungen zwischen jungtürkischen Offizieren und den nach Kriegsende zurückgekehrten Armeniern, bedeutete der ab 1919 auf der Pariser Friedenskonferenz ausgearbeitete Vertrag mit dem Osmanischen Reich für die türkischen Nationalisten eine Katastrophe. Unter dem Druck einer alliierten Besatzung jedoch erklärte sich die Regierung des Sultans zu umfassenden Konzessionen bereit.

Die Umsetzung der Bestimmungen des 1920 unterzeichneten Friedensvertrags von Sèvres hätte eine autonome Republik für die Armenier sowie Autonomierechte für Kurden und eine weitgehende Autonomie der arabischen Gebiete bedeutet. Den Widerstand dagegen organisierte ein anderer jungtürkischer Kommandeur, Mustafa Kemal, der bis heute als »Atatürk« (»Vater der Türken«) verehrt wird. Sein nationaltürkisches Programm setzte auf den Kampf gegen die schwache Zentralregierung des Sultans, gegen die Alliierten und gegen die von ihnen unterstützten Griechen, Armenier und Kurden.

Noch vor Beginn der offiziellen Friedenskonferenz von Sèvres rückte damit der Kampf gegen die Nachkriegsordnung und gegen die territoriale Erosion des Osmanischen Reichs in den Mittelpunkt. Das auf dem Kongress von Erzurum unter Mustafa Kemals Führung beschlossene Manifest betonte die Zusammengehörigkeit aller ostanatolischen Provinzen mit den übrigen Teilen des Reiches. Die türkischen Muslime bildeten demnach innerhalb der im Oktober 1918 im Waffenstillstand von Moudros festgelegten Grenzen eine eigene, unteilbare und souveräne Nation, die sich gegen jede Intervention von außen, gegen den Konzessionskurs des Sultans und gegen die Unabhängigkeit neuer Staaten wandte, wie sie die Griechen, Armenier und Kurden unter Berufung auf das nationale Selbstbestimmungsrecht forderten.

Mustafa Kemal und seine Anhänger begriffen sich als eine Gegenregierung, um die territoriale Integrität des eigenen Landes zu sichern. Das aber bedeutete in ihren Augen, alle Sonderrechte nichtmuslimischer Gruppen zu bekämpfen. In ihnen erkannten die türkischen Nationalisten das Einfallstor ausländischer Interessen, um die Souveränität der entstehenden Türkischen Republik so zu schwächen, wie sie dies mit dem Osmanischen Reich vor 1914 getan hatten.

Vor diesem Hintergrund setzte sich die Gewalt gegen Nichtmuslime auch nach 1918 fort – jetzt im Zeichen der Revision des Vertrags von Sèvres durch den von Mustafa Kemal zum »Befreiungskrieg« stilisierten Kampf der Türken. An dessen Ende stand die erfolgreiche Revision im Vertrag von Lausanne 1923.

Zur Umsetzung der neuen Bestimmungen trugen nun Experten des Völkerbundes bei. Der von ihnen unterstützte »Bevölkerungstausch« von Christen in der Türkei und Muslimen in Griechenland folgte zwar dem Ideal einer ethnischen Entflechtung, um stabile Nationalstaaten zu begründen und so künftigen Konflikten vorzubeugen. Aber in der Praxis führte dies zu neuen Vertreibungen und Gewalterfahrungen: Orthodoxe Christen in der Türkei wurden nach Griechenland deportiert, während Muslime aus Griechenland zur Auswanderung in die Türkei gezwungen wurden. Die damals entfesselte Gewalt belastet das Verhältnis zwischen der Türkei und Griechenland bis heute.

In das offizielle Selbstverständnis der von Atatürk begründeten Türkischen Republik sind die Leugnung des Genozids an den christlichen Minderheiten und die Zurückweisung aller Autonomiegebiete für Armenier oder Kurden bis heute eingeschrieben – mit gravierenden Folgen für die türkische Gesellschaft und für die Rolle der Türkei in Europa. ■

SIEGESFEIER
Am 11. September 1924, zwei Jahre nachdem türkische Truppen die Stadt Bursa im griechisch-türkischen Krieg erobert haben, spricht Mustafa Kemal Atatürk dort zu seinen Anhängern

JÖRN LEONHARD *lehrt Neuere und Neueste Geschichte an der Universität Freiburg*

Einigkeit unter dem Banner des Islam

ZIELGENAU

Abdelkarim al-Khattabi (r.), der Anführer der Aufständischen gegen die spanische Besetzung des Rif-Gebirges in Marokko, posiert um 1925 mit Kämpfern neben einem Maschinengewehr

Der europäische Kolonialismus lässt eine islamische Reformbewegung entstehen, die Religion zum Mittel der Politik macht. Im 20. Jahrhundert rufen Radikale zum globalen Dschihad auf

VON BIRGIT SCHÄBLER

Im 19. Jahrhundert fanden sich viele Muslime in einer zunehmend von den europäischen Kolonialmächten dominierten Welt wieder. 1830 eroberte Frankreich Algerien und gründete dort eine Siedlerkolonie. In Ägypten wie im Rest des Osmanischen Reiches erlangten die europäischen Großmächte zunächst indirekten Einfluss durch Missionare, Konsuln und Geschäftsleute. 1882 besetzten die Briten Ägypten, nachdem sie dort einen nationalen Aufstand niedergeschlagen hatten.

In dieser neuen Realität wurde die Religion in der islamischen Welt zur Grundlage politischer Konzepte. Über Jahrhunderte hatten Christen und Muslime zwar um die Vorherrschaft im Heiligen Land gerungen und theologische Dispute darüber geführt, welche die »richtige« Religion sei. Im Zeitalter des Kolonialismus und Imperialismus aber politisierten sich diese intellektuellen Auseinandersetzungen.

Europäische Gelehrte reklamierten die Moderne, die sie durch technologischen Fortschritt und moderne Wissenschaft definierten, triumphalistisch für sich und sprachen der islamisch geprägten Welt und den Muslimen die Fähigkeit zu rationalem Denken ab. In diesem Geist hielt der französische Historiker und Archäologe Ernest Renan 1883 an der Sorbonne seinen berüchtigten Vortrag *Der Islam und die Wissenschaft.* Der Text verbreitete sich rasant in der islamischen Welt und wurde zur Initialzündung für die muslimische Kritik an der europäischen Moderne.

Der Aktivist, Reformer und Philosoph Dschamal al-Din al-Afghani war der Erste, der den Islam erneuern wollte, indem er freieres Räsonieren, den Gebrauch von Vernunft und Urteilskraft in Bezug auf die heiligen Schriften des Islam propagierte. Die traditionellen muslimischen Gelehrten beschrieb al-Afghani als »blinde Nachahmer einer veralteten Tradition«. Ihm ging es darum, zu beweisen, dass der Islam, wenn man ihn richtig interpretiere, modernen Entwicklungen nicht im Weg stehe. Als Erster brachte er den so erneuerten Islam gegen den Westen in Stellung.

Al-Afghani, der in der Stadt Asadabad im Iran geboren wurde und 1870 zunächst nach Istanbul und ein Jahr später nach Kairo kam, hatte schon als junger Mann in Indien 1857/58 die brutale Niederschlagung des antikolonialen Sepoy-Aufstands durch britische Soldaten miterlebt. Seitdem gingen bei ihm das Nachdenken über eine Reform des Islam, der Aufruf zur Einigkeit der Muslime in einer islamischen *umma* (»Nation«) und antikoloniale Agitation Hand in Hand. In seiner Antwort auf Renan entwickelte er eine philosophisch-religionskritische Haltung, für die Massen aber predigte er einen politisch-aktivistischen Islam, mit dem die Muslime gegen Europa bestehen sollten.

ERNEST RENAN
Der französische Archäologe spricht Muslimen die Vernunft ab

Der osmanische Bürokrat, Reformer und Oppositionelle Namık Kemal, der Montesquieus *Geist der Gesetze* übersetzt und die osmanische Verfassung von 1876 mitverfasst hatte, sah in der islamischen Theorie des Kalifats ein System, das in der Auseinandersetzung mit Europa dem westlichen ebenbürtig war. Er verortete als Erster die Souveränität bei der *umma,* dachte Volkssouveränität auf religiös-islamischer Basis und kritisierte damit die Verwestlichung und den Ausverkauf des Reiches, die der Sultan betrieb.

Al-Afghanis Schüler Muhammad Abduh übersetzte die Kritik an der traditionellen islamischen Gelehrtenschaft in praktische Maßnahmen. 1899 wurde er zum Großmufti Ägyptens ernannt und reformierte unter anderem die Bildungsinstitutionen, bis hin zu dem Versuch, Mädchen Zugang zu gewähren. Auch Raschid Rida, ein Schüler Abduhs und einflussreicher Reformer aus dem heutigen Libanon, stellte sich einen modernen islamischen Staat im Gewand des Kalifats vor, wobei er dem Gemeinwohl in der *umma* einen zuvor nicht gekannten Stellenwert zusprach.

Al-Afghani, Abduh und Rida konzipierten einen islamischen Staat als Kalifat, jedoch in moderner, reformistischer Weise, gegen die koloniale Unterdrückung gerichtet. Ihr Aufruf zu religiöser Solidarität und panarabischer Einheit strahlte auf die antikolonialen Bewegungen in der arabischen Welt aus. In Ägypten bediente sich der Offizier Urabi Pascha dieser Rhetorik, als er 1882 seine Landsleute zum Dschihad gegen die Europäer in Ägypten aufforderte. Auch die Rebellion gegen die spanische Besetzung des marokkanischen Rif-Gebirges, zu der 1925 Abdelkarim al-Khattabi in Nordafrika aufrief, war von den frühen Reformern inspiriert.

Langfristig erlangte der Ägypter Hasan al-Banna besonderen Einfluss, denn ihm gelang der Aufbau einer schlagkräftigen politischen Organisation, die bis heute existiert. Al-Banna sah in der Präsenz der Europäer während der britischen Kolonialherrschaft und insbesondere in den christlichen Missionsgemeinschaften und dem Christlichen Verein Junger Männer eine Bedrohung für die Identität der Muslime. 1928 gründete er nach dessen Vorbild einen

Wohltätigkeitsverein, der sich zu einer Massenorganisation entwickelte, die im Namen des Islam Politik machte: die Muslimbruderschaft. Deren politisches Programm blieb außer in Fragen der öffentlichen Moral vage, entschlossen war es jedoch in der Agitation gegen die koloniale Herrschaft.

Als 1936 im benachbarten Palästina der arabisch-palästinensische Aufstand ausbrach, der sich gegen die britische Besatzung und die jüdische Einwanderung richtete und in Teilen auch ein Kampf der Landbevölkerung für soziale Gerechtigkeit war, solidarisierten sich die Muslimbrüder mit den Aufständischen. 1939 wurde der Aufstand von den Briten und jüdischen Hilfstruppen brutal niedergeschlagen. Die Muslimbrüder wurden von der ägyptischen Geheimpolizei unter Beobachtung gestellt.

Hasan al-Banna forderte, den Suezkanal zu verstaatlichen und ein islamisches öffentliches Recht einzuführen. Gleichzeitig wuchs seine Organisation rasant: 1944 soll sie eine halbe Million Mitglieder gezählt haben. Sie war die erste moderne islamische Massenorganisation. Die Muslimbruderschaft betrieb Kliniken, Apotheken, Schulen und sogar Fabriken, um ihre Mitglieder sozial zu unterstützen. 1948 wurde sie verboten. Ein Jahr später fiel Hasan al-Banna mit 42 Jahren einem Attentat zum Opfer, das der ägyptischen Geheimpolizei zugeschrieben wurde.

Bis zu diesem Zeitpunkt bediente sich der reformorientierte, moderne Islam einer Mischung aus alten und erneuerten islamischen Begrifflichkeiten. Die Ausrufung des Dschihad in frühen nationalen und antikolonialistischen Bewegungen etwa folgte der traditionellen militärischen Definition des Wortes als »Pflicht der Verteidigung vor fremden Angreifern oder Besatzern«, die dem jeweiligen Herrscher oblag. Dschihad bedeutete jedoch auch »individuelle, innere Anstrengung für den Glauben«.

Es war Said Qutb, wie Hasan al-Banna von Beruf Lehrer, der den Islam danach ideologisierte und radikalisierte. Der Ägypter Qutb war auf dem Lande in einer gut gestellten Familie aufgewachsen. Seine Kindheitsbeobachtungen, darunter Gewalt und Ungerechtigkeit im Dorf, aber auch Geborgenheit im Glauben, verarbeitete er später autobiografisch-literarisch. Sein erstes Buch befasste sich mit sozialer Gerechtigkeit im Islam. Wie seine Vorgänger war er stark antikolonial eingestellt. 1948 wurde er für fast zwei Jahre vom ägyptischen Bildungsministerium in die USA entsandt. Der Kulturschock scheint massiv gewesen zu sein: Qutb vermochte in den USA nichts anderes zu erkennen als sittlichen Verfall, egoistischen Individualismus, Materialismus und Rassismus. Man brauche den (wahren) Islam als dritten Block neben Kapitalismus und Kommunismus, argumentierte er nach seiner Rückkehr.

AL-AFGHANI
Vordenker des politischen Islam

HASAN AL-BANNA
Gründer der Muslimbruderschaft

SAID QUTB
Ideologe des radikalen Dschihad

So radikalisiert, wurde er bald inhaftiert und schrieb im Gefängnis einflussreiche Werke, in denen er den verwestlichten muslimischen Gesellschaften ein Leben im »vorislamischen Heidentum« vorwarf, in dem die Souveränität des Menschen die Souveränität Gottes ersetzt habe. Die doppelte Bedeutung des Dschihad verengte er nun und übersetzte sie agitatorisch: Jeder Muslim habe die Pflicht, für die Durchsetzung der Souveränität Gottes, verwirklicht in der Utopie eines gerechten Gottesstaates, zu kämpfen. Nur so könne die Menschheit von der Versklavung des Menschen durch den Menschen erlöst werden.

Damit öffnete er die Tore des Terrors, ganz im Sinne des revolutionären *terreur* unter anderen Vorzeichen. Said Qutb wurde 1966 von der ägyptischen Justiz durch den Strang hingerichtet. Doch seine Ideen inspirierten spätere extremistisch-dschihadistische Gruppen, die ihr Heil noch heute in dieser Form der Gewalt suchen.

Der durchaus widersprüchliche Versuch der ersten Reformer, die Muslime aus der »Versklavung« durch traditionelle Gelehrte zu befreien, endete nach einem etwa 80 Jahre andauernden Reformprozess in einer individuell entfesselten Interpretation des Islam. Sie richtet sich nicht mehr nur gegen koloniale Fremdherrschaft, sondern gegen – auch islamische – Herrschaft an sich. Die damit einhergehende Entwertung der pluralistischen Tradition im Islam und der Ausschluss von andersgläubigen Gruppen sowie von Muslimen, die sich solchen Machtansprüchen verweigern, sind ein Ergebnis dieser Radikalisierung.

Ob der solcherart verengte politische Islam bereit ist, sich wieder zu öffnen, wird sich gegenwärtig vor allem in Syrien zeigen – unter erschwerten Bedingungen, zu denen erneut auch die Besatzung und Einmischung von außen gehören. ■

BIRGIT SCHÄBLER
lehrt die Geschichte Westasiens an der Universität Erfurt

Teil 3

Nach 9/11: Neue Feindbilder und »Kreuzzüge«

INFERNO IN NEW YORK
Als Kriegserklärung an den christlichen Westen wollen die islamistischen Terroristen von Al-Kaida ihre Anschläge vom 11. September 2001 verstanden wissen

DER FEIND IN FLAMMEN
In der pakistanischen Stadt Multan zeigen aufgebrachte Männer am 6. Mai 2011 das Porträt Osama bin Ladens und verbrennen eine amerikanische Flagge. Sie protestieren gegen die Tötung des Al-Kaida-Chefs durch US-Spezialkräfte vier Tage zuvor

Attentate im Namen Allahs

Seit dem 11. September 2001 erschüttern Terroranschläge von Islamisten die westliche Welt. Vorrangig geht es den Dschihadisten um die Macht in den muslimischen Ländern VON GUIDO STEINBERG

Im Februar 1998 veröffentlichte eine bis dahin kaum beachtete Organisation namens Al-Kaida den Aufruf einer »Islamischen Weltfront für den Dschihad gegen Juden und Kreuzzügler«. Der Text erschien auf Arabisch in der palästinensischen Tageszeitung *Al-Kuds* aus London und wurde kaum beachtet. Osama bin Laden skizzierte darin gemeinsam mit einigen Verbündeten sein Konzept des bewaffneten Kampfes gegen die USA, mit dem er bald Weltgeschichte schreiben sollte. Die Bezeichnung »Kreuzzügler« war sorgsam gewählt und sollte der kleinen Gruppe helfen, möglichst viele junge Muslime für ihre Sache zu begeistern. Denn die Kreuzzüge gelten in der arabischen Welt bis heute als verabscheuungswürdige Verbrechen und geben zugleich Hoffnung, weil die Präsenz der Europäer in Jerusalem damals nur ein knappes Jahrhundert währte. Die Gleichsetzung der USA, des Westens und der Christen insgesamt mit den mittelalterlichen Eroberern des Heiligen Landes erschien den Islamisten als probates Mittel, um Anhänger zu mobilisieren.

Osama bin Ladens Kampf gegen die »Kreuzzügler« und den christlichen Westen war damals eine revolutionäre Neuerung im Dschihadismus. Seit den Siebzigerjahren hatten die militanten Islamisten sich eher gegen die eigenen Regierungen gewandt und versucht, diese zu stürzen und islamische Gottesstaaten zu errichten – und das meist erfolglos. Zwar richtete sich ihre Gewalt häufig gegen Christen und Juden, aber fast nur dann, wenn diese als Minderheiten in Ländern wie etwa Ägypten lebten. In der Regel traf die dschihadistische Gewalt Muslime, die Kriege waren arabische und muslimische Bürgerkriege. Christen und Juden waren in diesen Auseinandersetzungen meist Kollateralopfer.

Dass sich Al-Kaida 1997 entschied, den bewaffneten Kampf gegen die USA zu richten, hatte vor allem mit dem Scheitern ihrer Gruppen in den jeweiligen Heimatländern zu tun. Da waren etwa die Ägypter um Aiman al-Sawahiri, der lange als Stellvertreter Bin Ladens amtiert hatte, bevor er diesen 2011 als Al-Kaida-Chef beerbte. Sawahiri und seine Gefolgsleute gehörten vor ihrem Anschluss an Al-Kaida 1997 zur berüchtigten Dschihad-Gruppe, die 1981 den ägyptischen Präsidenten Anwar al-Sadat ermordet hatte, danach aber nur noch vereinzelt Anschläge verübte. Als ein Aufstand islamistischer Gruppen in Ägypten Mitte der Neunzigerjahre fehlschlug, schien die Dschihad-Gruppe kurz vor ihrer Auflösung zu stehen.

In Saudi-Arabien scheiterte die Gruppe um Osama bin Laden, noch bevor sie überhaupt in Aktion treten konnte. Das Regime der Herrscherfamilie Saud hatte eine entstehende islamistische Oppositionsbewegung in den frühen Neunzigerjahren im Keim erstickt. Bin Laden musste in den Sudan und dann nach Afghanistan fliehen, um sich der Verhaftung zu entziehen.

Daraufhin taten sich die Revolutionäre 1997 zusammen und entwickelten eine neue Strategie. Für ihren Misserfolg machten sie nicht die eigene Schwäche oder die Stärke der ägyptischen und saudischen Regierung verantwortlich, die sie den »nahen Feind« nannten. Vielmehr glaubten sie, ihre Gegner in Kairo und Riad seien nur deshalb so überlegen, weil sie von den USA und ihren Verbündeten im Kampf gegen die Islamisten unterstützt wurden. Aus diesem Grund ging Al-Kaida dazu über, amerikanische Ziele – den »fernen Feind« – anzugreifen, um einen Rückzug der USA aus dem Nahen Osten zu erzwingen. Die Angriffe auf das World Trade Center in New York und das Pentagon in Washington, D. C. am 11. September 2001 waren die sichtbarste Folge dieses Strategiewechsels.

Seit 1998 hat Al-Kaida diese Ausrichtung nicht verändert und sucht nach immer neuen Möglichkeiten, die »Kreuzzügler« zu schwächen. Nach 9/11 gelang es der Gruppe jedoch nur noch vereinzelt, größere Anschläge zu verüben, wie etwa die Zuganschläge in Madrid am 11. März 2004, die fast 200 Todesopfer forderten, oder die Attentate in einem Bus und in drei U-Bahnen in London am 7. Juli 2005, bei denen 52 Menschen starben.

US-Präsident George W. Bush hatte einen globalen »Krieg gegen den Terrorismus« ausgerufen und das Regime der Taliban in Afghanistan gestürzt, das Al-Kaida Unterschlupf gewährt hatte. Die USA jagten die Anhänger der Organisation weltweit. Zwar konnte die Führung sich einige Jahre dem Zugriff der Amerikaner entziehen, doch statt wie bisher Attentäter in die westliche Welt zu entsenden – was Al-Kaida 2010/11 noch einmal in etwas größerem Maßstab versuchte –, setzte man nun auf einen »individuellen Dschihad«, bei dem die Attentäter nicht mehr nach Pakistan oder Afghanistan reisen mussten, sondern auf eigene Faust Ziele suchten und angriffen.

Nach 2010 kam es wiederholt zu Anschlägen, wie etwa am Flughafen Frankfurt, wo ein junger Dschihadist am 2. März 2011 zwei amerikanische Soldaten tötete. Insgesamt jedoch verlor Al-Kaida an Bedeutung. Ihr letztes größeres Attentat in der westlichen Welt war das auf das Satiremagazin *Charlie Hebdo* in Paris im Januar 2015, bei dem zwölf Menschen getötet wurden.

Al-Kaida war stark geschwächt, und mit dem »Islamischen Staat« (IS) trat nun eine Gruppe auf den Plan, die sich bemühte, Al-Kaida als weltweit führende dschihadistische Organisation abzulösen. Der IS war nach dem Krieg im Irak 2003 entstanden, den die USA und ihre Verbündeten geführt hatten, um das Regime von Saddam Hussein zu stürzen. Im folgenden Jahr hatte sich der IS zunächst Al-Kaida angeschlossen. Er übernahm das Vokabular von den christlichen »Kreuzzüglern«, die er im Irak in Gestalt der amerikanischen und britischen Truppen und ihrer Verbündeten bekämpfte. Wie sein Name sagt, ging es dem IS aber in erster Linie darum, einen islamischen Staat zu gründen, der die Macht im Irak und dann in den arabischen Nachbarländern übernehmen sollte.

Da in Bagdad nach dem Sturz Saddam Husseins eine schiitisch dominierte Regierung herrschte (die Schiiten bilden im Land eine Mehrheit von etwa 60 Prozent der Bevölkerung), wurden die Schiiten zu den Hauptfeinden des IS – und weil im Irak auch viele Christen leben, wurden diese ebenso zu Opfern der Organisation. Dennoch stand der Kampf gegen die schiitische Regierung im Mittelpunkt – umso mehr, als die Amerikaner sich von 2009 an schrittweise zurückzogen, bevor sie den Irak Ende 2011 scheinbar endgültig verließen.

MÖRDERISCHES KALIFAT
Ein Anhänger des »Islamischen Staates« schwenkt im Juni 2014 in Rakka die Fahne der Terrormiliz. Die Metropole war die syrische Hauptstadt des IS

Der IS machte zwischen 2006 und 2011 eine Schwächephase durch, die jedoch mit dem Abzug der US-Truppen endete. In den Jahren 2011 bis 2014 erstarkte die Organisation und konnte ihren Aktionsradius auf Syrien ausweiten, wo 2012 ein Bürgerkrieg zwischen dem Assad-Regime und sunnitischen Aufständischen ausbrach. Innerhalb weniger Jahre gelang es dem IS, große Teile des Nordirak und Ostsyriens einzunehmen, woraufhin er seinen Anführer Abu Bakr al-Bagdadi im Juni 2014 zum Kalifen aller Muslime ausrief.

In dem islamistischen Quasi-Staat wurden alle religiösen Minderheiten brutal verfolgt. Besonders hart traf es die Schiiten, Alawiten und Jesiden, die dem IS als »Ungläubige« galten und die routinemäßig getötet oder versklavt wurden. Die verbliebenen Christen litten schwer unter dem Joch der Dschihadisten, doch gelang es vielen von ihnen zu überleben.

Der IS beschränkte sich jedoch nicht darauf, seinen islamistischen Musterstaat aufzubauen und Anschläge in der islamischen Welt zu verüben. Sobald er stark genug war, nahm er auch den Kampf gegen die »Kreuzzügler« auf. Ein Grund dürfte gewesen sein, dass die USA und ihre europäischen Verbündeten auf den Siegeszug der Dschihadisten mit militärischen Mitteln reagierten. Schon im August und September 2014 flogen die USA erste Luftangriffe, um den Vormarsch des IS im Irak und in Syrien aufzuhalten. Nicht einmal drei Jahre nach dem Abzug aus dem Irak sah sich Washington gezwungen, erneut Truppen in das Land zu entsenden.

Mit den Planungen für Anschläge in Europa begann der IS spätestens im Frühjahr 2014, es ging also nicht nur um eine Antwort auf die amerikanischen Luftangriffe. Die Anschläge in der westlichen Welt dienten vielmehr auch dem Ziel, Al-Kaida den Rang abzulaufen. Dies wiederum war nur möglich, wenn man erfolgreich gegen die »Kreuzzügler« kämpfte.

Dass dem IS tatsächlich viele Attentate im Westen gelangen, dürfte vor allem darauf zurückzuführen sein, dass sich der Organisation Zehntausende ausländische Kämpfer anschlossen, von denen ab 2014 einige in ihre Heimatländer zurückgeschickt wurden, um dort Anschläge zu verüben. Unter den Ausländern waren viele Franzosen und Belgier, sodass es kein Zufall ist, dass in diesen beiden Ländern besonders viele Attentate erfolgten.

Zu den blutigsten IS-Anschlägen kam es am 13. November 2015 an fünf Orten gleichzeitig in Paris, 131 Menschen starben. Später gelang es dem IS nicht mehr, ausgebildete Kämpfer nach Europa zu schicken; fortan waren es Einzeltäter, die im Auftrag des IS handelten, ohne jemals in Syrien oder im Irak gekämpft zu haben.

Im Unterschied zu Al-Kaida ging es dem IS nicht mehr in erster Linie darum, einen Rückzug der »Kreuzzügler« aus dem Nahen Osten zu erzwingen, sondern um die »Auslöschung der Grauzone«. Als solche bezeichnete der IS muslimische Gemeinschaften in westlichen Ländern, die nicht auf seiner Seite, aber auch nicht auf der Seite der dortigen Regierungen standen. Möglichst brutale Terrorattacken sollten die Regierungen oder rechtsextremistische Gruppen zu Überreaktionen und Übergriffen auf Muslime provozieren. So hoffte man die Unterstützung vieler Muslime für den eigenen Kampf zu gewinnen, um dann deren Führung zu übernehmen und in künftigen Bürgerkriegen im Westen die Oberhand zu behalten.

Natürlich ist es schwer vorstellbar, dass es dem IS oder anderen dschihadistischen Gruppen gelingen könnte, in einem Bürgerkrieg in einem westlichen Land zu bestehen. Zu gering ist der Anteil von Muslimen in diesen Gesellschaften und noch geringer die Zahl der Islamisten. Doch eine ähnliche Strategie hatte der IS bereits von 2003 bis 2006 im Irak verfolgt, wo er Anschläge auf Schiiten verübte, um diese zu Untaten gegen die Sunniten zu verleiten und so einen Bürgerkrieg zu entfachen. Tatsächlich kam es von 2005 bis 2007 zu einem solchen Konflikt zwischen schiitischen und sunnitischen Kräften. Der IS unterlag zwar, schaffte es aber, sich als wichtigste militante Organisation unter den Sunniten durchzusetzen. Auch in Europa hat die Terrorgruppe es vermutlich schon als Erfolg verbucht, ihre Anhängerschaft erweitert zu haben.

Nach 2015 kam es in Westeuropa zu zahlreichen Anschlägen von Einzeltätern und kleinen Gruppen, die sich auf den IS beriefen oder sogar mit Anschlagsplanern der Organisation in Syrien und Afghanistan in Kontakt standen. Deutschland erlebte 2024 und 2025 eine regelrechte Welle von Attentaten mit Verbindung zum IS, mit Angriffen in Mannheim, Solingen, München, Berlin und Bielefeld. Meist griffen die Täter mit Messern an, in München steuerte der Täter ein Auto in eine Menschenmenge.

Auch wenn der IS weit davon entfernt ist, Muslime in größerer Zahl für die eigene Sache zu gewinnen, gelang es ihm, große Teile der westlichen Gesellschaften davon zu überzeugen, dass es sich hier um einen Konflikt zwischen Muslimen und Christen und vielleicht sogar um einen »Kampf der Kulturen« handelt. Hiervon profitierten in Europa vor allem die Parteien der populistischen Rechten, die auf die Attentate in der Regel mit einer Verurteilung der liberalen Migrationspolitik der letzten Jahre und Jahrzehnte reagierten.

Tatsächlich ist die internationale Dimension des islamistischen Terrorismus nicht mehr wegzudenken. Doch handelt es sich bei den Anschlägen im Westen weiterhin um internationalisierte Bürgerkriege in der arabischen und islamischen Welt. Al-Kaida und der IS sind mit ihren globalen Attacken Ausnahmen geblieben – Al-Kaida mit ihrer kompromisslosen Fixierung auf den »fernen Feind« USA und der IS mit seiner ideologischen Radikalität, die junge Muslime in aller Welt anspricht, aber auch immer wieder in Niederlagen führt.

Die meisten Opfer des islamistischen Terrorismus sind weiterhin Muslime, und die meisten Gewalttaten verüben dschihadistische Organisationen in der arabischen und islamischen Welt. Wer das Phänomen verstehen und wer den IS und Al-Kaida effektiv bekämpfen will, muss den Blick auf die Ursprungsländer richten – auf Saudi-Arabien, Ägypten, den Irak, Syrien und andere mehr. Der Kampf gegen die »Kreuzzügler« ist eine Folge der jahrzehntelangen Konflikte in diesen Staaten und nicht der Kern des Problems. ■

GUIDO STEINBERG
ist Islamwissenschaftler bei der Berliner Stiftung Wissenschaft und Politik

DAS VORURTEIL BRECHEN
In Leipzig stellen sich Demonstranten 2015 einer islamfeindlichen Kundgebung des örtlichen Pegida-Ablegers entgegen

Unter Verdacht

Nach 9/11 erstarken islamfeindliche Ressentiments: In westlichen Ländern werden Muslime zunehmend auf ihre Religion reduziert – und als Bedrohung angesehen

VON LOAY MUDHOON

Als islamistische Terroristen, angeführt von dem Ägypter Mohammed Atta, am 11. September 2001 mit entführten Flugzeugen das World Trade Center und das Pentagon attackieren und etwa 3.000 Menschen töten, treffen sie die einzig verbliebene Supermacht ins Mark. Die Terroranschläge auf die Symbole der Macht sind der erste von außen initiierte Angriff auf US-amerikanisches Territorium seit Pearl Harbor.

»Wir leben heute in einem anderen Amerika«, schreibt der Journalist Frank Rich vier Tage nach den Anschlägen in der *New York Times*. Der Schock sitzt tief, viele Beobachter sagen einen Paradigmenwechsel in der amerikanischen Außenpolitik voraus. Sie sollten recht behalten. US-Präsident George W. Bush rief in seiner Rede am 20. September 2001 den »Krieg gegen den Terror« aus. Diese folgenschwere Entscheidung sollte die Koordinaten der Weltpolitik verschieben und die zuvor so oft beschworene regelbasierte Ordnung ins Wanken bringen.

Die Zeitenwende nach 9/11 hatte auch für Muslime drastische Folgen, weil die verständliche Angst vor dem islamistischen Terrorismus in den westlichen Ländern pauschale islamfeindliche Ressentiments schürte. »Der Islam«, und nicht etwa nur der islamistische Terrorismus, wurde fortan als Bedrohung wahrgenommen. Dadurch veränderten sich die innerislamischen Diskurse ebenso wie das Leben von Muslimen in den westlichen Gesellschaften.

Das »Feindbild Islam« entstand jedoch nicht erst am 11. September 2001, es existierte bereits lange zuvor. In der Geschichte der christlich-islamischen Beziehungen fungierte der Islam allzu häufig als Antithese Europas. Gewaltaffinität, Rückständigkeit, Fanatismus, Unterdrückung von Frauen, Drangsalierung von Minderheiten – die Liste der »antiemanzipatorischen« Eigenschaften, die dem Islam zugeschrieben wurden und werden, ist lang.

Gerade weil das Feindbild auf einem historisch verankerten Fundament christlich-europäischer Vorurteile beruhte, konnte es sich nach dem 9/11-Schock

WUT AUF DEN WESTEN
In Damaskus stecken Syrer 2006 die Botschaft Dänemarks in Brand, nachdem eine dänische Zeitung Mohammed-Karikaturen veröffentlicht hat

schnell ausbreiten. Die Anschläge waren ein Katalysator, der tief wurzelnde Ängste wieder an die Oberfläche brachte.

Die Wiederbelebung alter Klischees erklärt jedoch nicht, warum das Bild vom »aggressiven Islam« nach 9/11 in weiten Teilen der westlichen Welt so beherrschend werden konnte. Warum wird der Islam bis heute oft reflexhaft mit Terror gleichgesetzt? Der Grund liegt in der politisch-medialen Instrumentalisierung des Feindbildes während des »Krieges gegen den Terror«. Und in der Pervertierung des Islam, seiner Lehre und seiner Werte, durch fanatische Muslime.

Unmittelbar nach den Anschlägen bekundeten fast alle muslimischen Führer ihre Solidarität mit den USA und boten ihre uneingeschränkte Zusammenarbeit im Kampf gegen den Terror an. Palästinenser-Präsident Jassir Arafat ließ sich medienwirksam auf einer Krankenliege beim Solidaritäts-Blutspenden für die Opfer der Anschläge ablichten. Doch die Militarisierung der US-Außenpolitik unter George W. Bush polarisierte die Beziehungen Washingtons zu den islamischen Staaten. Spätestens als Bush im Januar 2002 behauptete, der Irak, der Iran und Nordkorea bildeten eine »Achse des Bösen«, und erklärte, man werde nicht tatenlos zusehen, wenn diese Staaten die USA mit Massenvernichtungswaffen bedrohten, wurde allen Freunden und Feinden klar, dass es nicht mehr allein um die Zerschlagung des Terrornetzwerks von Osama bin Laden ging.

Die neokonservativen US-Ideologen wollten den historischen Moment nutzen, um die globale Hegemonie der USA zu zementieren und die Neuordnung des Nahen und Mittleren Ostens notfalls mit Gewalt durchzusetzen. Der US-Präsident selbst hatte den Kampf gegen den Terrorismus bereits Mitte September 2001 als »Kreuzzug« bezeichnet. So entgrenzte der »Krieg gegen den Terror« in der öffentlichen Wahrnehmung immer mehr zu einem »Krieg gegen den Islam«.

Das Freund-Feind-Denken der Bush-Ära erwies sich als Geschenk an die Scharfmacher in der arabisch-islamischen Welt. Der libanesische Journalist Hazem Saghieh sprach in einem Beitrag für die damals führende panarabische Zeitung *Al-Hayat* von einer »Kollision der Fundamentalismen«: Nach einer USA-Reise Anfang 2002 konstatierte Saghieh »frappierende Ähnlichkeiten zwischen den Mainstream-Diskursen in den USA und denen in weiten Teilen der arabischen Leitmedien«, wobei er beispielhaft die islamfeindliche Rhetorik neokonservativer Kräfte auf Fox News und die omnipräsente antiwestliche Agitation auf Al-Dschasira nannte.

Das »Feindbild Westen« war im islamischen Mainstream angekommen. Ihren vorläufigen Höhepunkt erreichte die antiwestliche Mobilisierung, nachdem im September 2005 eine Serie von Mohammed-Karikaturen der dänischen Tageszeitung *Jyllands-Posten* in Teilen der arabischen Welt wütende, gewalttätige Proteste und massive Boykott-Aufrufe gegen den Westen provozierte.

Auch viele »Otto Normalmuslime« empfanden die Zeichnungen als beleidigend für ihre Religion. So kam es zu einer unerwarteten Allianz zwischen säkularen Autokraten, die vor allem die aggressiven Neuordnungspläne der USA fürchteten, und volksnahen Islamisten, die aus der antiwestlichen Stimmung politisches Kapital schlagen wollten. Deutlich sichtbar wurde dieses Zweckbündnis im Februar 2006 in Damaskus, als ein Mob die dänische Botschaft in Brand setzte – unter den Augen der allgegenwärtigen Sicherheitsdienste des Assads-Regimes.

Nicht nur neokonservative Hardliner und Islamisten jeder Couleur sprachen nun vom angeblich unausweichlichen »Kampf der Kulturen«. Die Anschläge vom 11. September 2001 schienen für viele selbsternannte Retter des Abend- und Morgenlandes die pessimistische These Samuel P. Huntingtons vom *Clash of Civilizations* zu bestätigen. Der US-amerikanische Politikwissenschaftler hatte bereits 1993, drei Jahre vor Erscheinen seines gleichnamigen Buches, das alte Feindbild des gottlosen Kommunismus durch den Islam ersetzt und einen Zusammenprall zwischen den westlichen und den islamischen Ländern prognostiziert.

Schon damals war die Clash-These, nach der sich die »islamische Welt« im Krieg gegen »den Westen« befinde, als Erklärungsmuster für globale Konflikte reichlich unterkomplex – zumal eine »islamische Welt« als einheitlicher Akteur gar nicht existiert, noch weniger als »der Westen«, der während des »Krieges gegen den Terror« keineswegs geschlossen agierte.

Die meisten Staaten im islamischen Raum verstanden sich damals wie heute weiterhin als Verbündete des Westens. Ein Großteil der Konflikte im Nahen Osten wurde und wird zwischen Muslimen innerhalb des eigenen Kulturkreises ausgetragen – auch die meisten Opfer des internationalen islamistischen Terrorismus waren Muslime.

Die Gleichsetzung von Islam und Gewalt in den westlichen Debatten nach dem 11. September entsprang dem Bedürfnis, einfache Erklärungen für die islamistischen Gewaltexzesse zu finden. So war der Koran plötzlich in aller Munde. Man glaubte, im heiligen Buch der Muslime ließen sich Rechtfertigungen des Terrors im Namen des Islam finden – was jedoch nur gelingt, wenn man einzelne Suren völlig aus ihrem Zusammenhang reißt.

Inzwischen haben alle wichtigen islamischen Autoritäten, Staaten und Verbände den militanten Islamisten jede religiöse Legitimation abgesprochen. Dennoch herrscht in der öffentlichen Meinung weiterhin die Auffassung vor, der terroristische Dschihadismus sei als genuiner Ausdruck »des Islam« zu verstehen.

Das heißt nicht, dass die Religion kein Ideengeber und keine gewaltlegitimierende Ideologie sein kann. Gewiss beziehen sich die Terroristen ausdrücklich auf den Islam. Die Frage ist nur, wie bedeutsam diese Bezugnahme für ihre Radikalisierung tatsächlich war und ist. Die Biografien europäischer IS-Dschihadisten zeigen, dass oft in kürzester Zeit aus religiösen Analphabeten selbsternannte Gotteskrieger wurden. Gewöhnliche Kriminelle glauben, ihrem desolaten Leben durch wahlloses Morden einen Sinn zu geben.

Der »Krieg gegen den Terror« verschärft die Diskriminierung

Oft jedoch werden diese biografischen Aspekte ausgeklammert, und die Radikalisierung wird ausschließlich »islamisiert«. Nach demselben Muster werden inzwischen Migranten, die aus dem islamischen Raum zuwandern, vor allem als Muslime wahrgenommen, als Vertreter ihrer Religion, weniger als Türken, Syrer oder Marokkaner. Auch in Deutschland dominiert seit 9/11 ein koranzentrierter Blick auf den islamischen Kulturraum; in der öffentlichen Wahrnehmung ist es zu einer »Islamisierung der Muslime« gekommen.

Dabei sind die Menschen muslimischen Glaubens keine »Koran-Automaten«. Die allerwenigsten Muslime hierzulande definieren sich ausschließlich durch ihre Religion – auch wenn neosalafistische und andere islamistische Gruppen und Verbände in Deutschland genau diesen Eindruck vermitteln.

Diese wirklichkeitsfremde, auf die Religion fixierte Sicht ist fraglos eine Folge des »Krieges gegen den Terror«. Durch ihn veränderte sich die Situation der Muslime in den westlichen Staaten grundlegend, bis heute. Plötzlich sahen sie sich einem Generalverdacht ausgesetzt und mussten Einschränkungen ihrer Bürgerrechte hinnehmen. Die präventive Rasterfahndung nach 9/11 zielte auf Ausländer muslimischen Glaubens – und stigmatisierte damit die gesamte muslimische Bevölkerung.

Vor allem äußerlich erkennbare Musliminnen und Muslime erlebten massive Vorurteile und Diskriminierung im Alltag, insbesondere auf dem Arbeits- und Wohnungsmarkt, zudem stieg die Zahl der Straftaten gegen Muslime deutlich an. Auch wurden zugewanderte deutsche Bürgerinnen und Bürger für Missstände in ihren angeblichen Herkunftsländern verantwortlich gemacht.

Diese Ethnisierung des Islam, die alle Menschen aus den islamisch geprägten Regionen trifft, selbst wenn sie dem Islam gar nicht angehören, hat das Feindbild zu einem ideologischen Bindeglied rechtspopulistischer und rechtsextremer Parteien in vielen Ländern Europas werden lassen. Um Anhänger zu mobilisieren und die eigenen Reihen zu schließen, versuchen diese Kräfte, den scheinbar »rückständigen« und »gewaltaffinen« Islam zum Gegenmodell eines aufgeklärten und zivilisierten Westens zu stilisieren.

Nur eine differenziertere Betrachtung von Musliminnen und Muslimen und ihren Lebensrealitäten kann diese pauschale Verdächtigung, Verzerrung und Verunglimpfung brechen. Eine Betrachtung, die Muslime nicht nur als Muslime, sondern in erster Linie als Mitbürger und Menschen in den Blick nimmt. ■

LOAY MUDHOON
ist Islamwissenschaftler, Politologe und Redakteur der Deutschen Welle

Jugoslawiens gebrochenes Herz

In Sarajevo leben Muslime und Christen jahrhundertelang friedlich zusammen, bis der Bosnienkrieg sie zu Feinden macht. Heute dominiert der Islam die Stadt

VON MARIE-JANINE CALIC

GEDÄCHTNIS IN TRÜMMERN Die bosnische Nationalbibliothek in Sarajevo wird im August 1992 von serbischer Artillerie zerstört. Mehr als zwei Millionen Bücher und Dokumente verbrennen, darunter mittelalterliche Manuskripte zur muslimischen Geschichte der Stadt

Täglich rufen Muezzine die Gläubigen zum Gebet, Frauen tragen Kopftuch und Schleier, man sieht Halal-Metzger und Werbetafeln in arabischer Schrift: In Sarajevo stellen die muslimischen Bosniaken die Mehrheit der etwa 300.000 Einwohner. Aber längst nicht alle Menschen sind religiös. In den Gaststätten wird Alkohol ausgeschenkt, viele Bosniakinnen sind freizügig gekleidet. »Die meisten bosnischen Muslime wissen wenig von ihrer Religion, und viele praktizieren sie nicht«, erklärte Enes Ljevaković, Professor für islamisches Recht, vor einigen Jahren einer Journalistin. Aber nun sei man dabei, »zum Islam zurückzukehren«.

Als das Osmanische Reich von der Mitte des 14. Jahrhunderts an nach Südosteuropa vordrang, lebten dort überwiegend lateinische und orthodoxe Christen. Allerdings existierte in den Gegenden, in denen die Missionsgebiete von Rom und Byzanz aufeinanderstießen, keine einheitliche, gefestigte Kirchenhierarchie. In Bosnien und der Herzegowina, dem Zentrum der Balkanhalbinsel, hatte sich neben West- und Ostkirche auch eine unabhängige bosnische Kirche etabliert, die der Papst und der Patriarch als »häretisch« bekämpften.

Aufgrund dieser Rivalitäten konnte sich die neue Glaubenslehre, die die Osmanen ins Land trugen, leicht etablieren. Sie glaubten an einen göttlichen Auftrag, ihre Religion unter den »Ungläubigen« zu verbreiten, und unterwarfen die Balkanländer einer systematischen Islamisierung. Dabei wandten sie mitunter auch Gewalt an, meist jedoch setzten sie den Islam mithilfe der Bürokratie durch: So durften nur Muslime wichtige Staats- und Verwaltungsaufgaben ausüben und Grundbesitz erwerben, die »Ungläubigen« hingegen mussten eine Kopfsteuer entrichten. Die Mischung aus Anreizen und Diskriminierung veranlasste viele Menschen, gleich welchen Glaubens, zum Islam überzutreten.

Zu Beginn der osmanischen Herrschaft über Bosnien um das Jahr 1463 wählte der türkische Statthalter die kleine Provinzstadt Vrhbosna für seinen Amtssitz. Er ließ dort einen Palast bauen, einen Serail, türkisch *saray.* Fortan hieß die Stadt Sarajevo.

Die neuen Machthaber verwandelten Kirchen in islamische Gebetshäuser, bauten Moscheen, Islamschulen, Hamams, Karawansereien und das Basarviertel, die Baščaršija. Bereits im 16. Jahrhundert war Sarajevo ein Verwaltungs- und Handelszentrum geworden – und eine typisch osmanische Stadt. Auf Einladung der Sultane siedelten sich zu dieser Zeit auch Sefarden in der Stadt an, Juden, die im Zuge der »Reconquista« von der Iberischen Halbinsel vertrieben worden waren. In Sarajevo gründeten sie eine jüdische Gemeinde und bauten eine Synagoge. Die Stadt hütet bis heute die Sarajevo-Haggada, eine der ältesten jüdischen Bilderhandschriften aus dem 14. Jahrhundert.

Die Sultane erkannten Christen und Juden, da sie Monotheisten waren, als ihre Schutzbefohlenen an. Diese Andersgläubigen durften über Ritus und kulturelle Fragen autonom entscheiden, Schulen und Krankenhäuser unterhalten, zivilrechtliche Angelegenheiten regeln sowie Steuern eintreiben. Muslime, katholische und orthodoxe Christen und Juden wohnten in getrennten Vierteln, doch man begegnete sich vielerorts im Alltag und respektierte sich.

Noch bis ins späte 19. Jahrhundert hinein bezogen die Menschen im südslawischen Raum ihre Identität primär auf ihren Glauben. Religiöse und ethnische Zugehörigkeit gingen erst allmählich eine Symbiose ein. Aus katholischen, orthodoxen und muslimischen Südslawen wurden im Zeitalter des Nationalismus Kroaten, Serben und Bosniaken. Vereint durch Sprache und Volkskultur, unterschied sie vor allem die Religion ihrer Vorfahren.

Als Österreich-Ungarn 1878 die vom Berliner Kongress zugesprochene Herrschaft über die osmanischen Provinzen Bosnien und Herzegowina antrat, strebten die Südslawen nach Unabhängigkeit. Das Osmanische Reich protestierte gegen die Okkupation durch die Donaumonarchie, die muslimische Bevölkerung leistete Widerstand.

Sarajevo erhielt habsburgisch geprägte neue Viertel und Repräsentationsbauten im pseudomaurischen Stil, um der Stadt den »orientalischen« Geist auszutreiben. Der Statthalter Benjámin von Kállay erfand das »Bosniakentum«, um ein an die Monarchie gebundenes Nationalgefühl zu stiften. Aber Kroaten, Serben und Muslime hatten sich bereits dem Jugoslawismus zugewandt, der Idee einer Vereinigung aller Südslawen in einem gemeinsamen Staat.

Vor allem die Serben opponierten weiter gegen die Habsburger. Am 28. Juni 1914 ermordete ein serbischer Attentäter Erzherzog Franz Ferdinand, den Thronfolger Österreich-Ungarns, und dessen Frau Sophie in Sarajevo; der Anschlag löste die Julikrise und schließlich den Ersten Weltkrieg aus.

Nach Kriegsende gingen Bosnien und die Herzegowina im Königreich der Serben, Kroaten und Slowenen auf, das seit 1929 Jugoslawien hieß. Die Staatsgründer verfochten die Idee einer einheitlichen südslawischen Kulturnation, was angesichts des be-

reits weit entwickelten Eigenbewusstseins der einzelnen Nationalitäten eine Schimäre war.

Erst das sozialistische Jugoslawien erkannte 1945 Serben, Kroaten, Slowenen, Mazedonier und Montenegriner als eigenständige Völker an. In den Sechzigerjahren kamen die bosnischen Muslime (Bosniaken) hinzu, die sich nun ebenfalls als Nation begriffen. Titos Ideologie von »Brüderlichkeit und Einheit« sowie ein kräftiges Wirtschaftswachstum halfen, die alten Konflikte zu überwinden. Hatten sich Serben, Kroaten und Muslime im Zweiten Weltkrieg noch unbarmherzig bekämpft, teilten sie sich in der Teilrepublik Bosnien-Herzegowina nun die Macht. Nationale Identität und Religion verloren an Bedeutung. Immer mehr Menschen sahen sich zuallererst als Bürger des international angesehenen Jugoslawiens und erst in zweiter Linie als Bosniake, Serbe oder Kroate.

In den krisenhaften Achtzigerjahren änderte sich dies. Als der Sozialismus bröckelte, wuchs der Nationalismus, und viele entdeckten erneut die sinnstiftende Kraft des Glaubens. Während sich 1967 nur ein Drittel der Jugoslawen (einschließlich der Muslime) als religiös bezeichnet hatten, waren es 1987 bereits mehr als die Hälfte. Politiker, Geistliche und Theologen ergriffen die Gelegenheit, nationale Identität und Religion wiederzubeleben.

In Jugoslawien herrschte Religionsfreiheit, allerdings war die Verschleierung der Frauen – ebenso wie in der Türkei – verboten. Solange die islamische Glaubensgemeinschaft sich staatsloyal verhielt, durfte sie sich wie alle anderen Religionsgruppen frei entfalten.

Die Muslime Bosniens galten als »besonders europäisch«: Nur eine Minderheit besuchte in den Achtzigerjahren noch die Moschee oder hielt sich an das Verbot von Alkohol und Schweinefleisch. Aber es gab auch Anhänger eines radikalen politischen Islam, die im Verborgenen wirkten. Einer von ihnen, der Rechtsanwalt Alija Izetbegović, verfasste 1970 eine geheime »Islamische Deklaration«, in der er einen zentral regierten panislamischen Staat »von Marokko bis Indonesien, von Afrika bis Zentralasien« forderte. Dort sollten die »islamische Ordnung und Lebensweise« herrschen. Ein Gericht verurteilte ihn und seine Mitstreiter 1983 zu einer mehrjährigen Haftstrafe. Die Richter werteten die Forderungen nach Einführung der Scharia, Verschleierung der Frauen und nach einem Verbot religiöser »Mischehen« als Angriff auf das Prinzip von »Brüderlichkeit und Einheit«. Abgesehen davon unterhielt Izetbegović Kontakte zum iranischen Ajatollah-Regime.

Als der Sozialismus zusammenbrach, gründete Izetbegović 1990 die Partei der Demokratischen Aktion (SDA), die im selben Jahr die ersten Mehrparteienwahlen gewann. Er wurde der erste Präsident der 1992 als unabhängig anerkannten Republik Bosnien und Herzegowina.

Die SDA stand in enger Verbindung mit der islamischen Glaubensgemeinschaft. Beide wollten die bosniakische Nation durch eine Reislamisierung

OSMANISCHER BALKAN
Minarett und Kuppel der Gazi-Husrev-Beg-Moschee sowie ihr Uhrenturm wachen über den Dächern von Sarajevo. Die Moschee wurde 1530 errichtet und ist bis heute das größte islamische Gotteshaus in Bosnien

GEWALTTOURIST
Ein Mudschahed posiert während des Bosnienkrieges vor einer Gruppe Soldaten. Mehrere Tausend Freiwillige aus dem Nahen Osten kämpfen von 1992 bis 1995 auf der Seite der bosnisch-muslimischen Truppen

stärken. Muslimische Geistliche predigten, die Gläubigen müssten sich an den Fastenmonat Ramadan, das Alkoholverbot, die Koranlektüre und die Religionserziehung halten. Sie forderten die Verhüllung der Frauen und untersagten religiöse »Mischehen«. Als die islamische Glaubensgemeinschaft 1990 mithilfe der SDA die heilige Pilgerstätte Ajvatovica einweihte, sah man grüne Flaggen mit arabischen Aufschriften und voll verschleierte Frauen. Sie ist heute der größte Wallfahrtsort der Muslime in Europa.

National gesinnte Kroaten hatten Anfang der Achtzigerjahre im herzegowinischen Medjugorje einen neuen Marienwallfahrtsort geschaffen. National gesinnte Serben pilgerten 1989 zu einer religiös aufgeladenen Großdemonstration auf das Amselfeld.

Mehr als eine halbe Million Menschen lebten 1991 im Großraum Sarajevo. Davon waren mehr als die Hälfte Bosniaken und ein Viertel Serben. 13 Prozent identifizierten sich (rein staatsbürgerlich) als Jugoslawen und fast sieben Prozent als Kroaten. Die Stadt galt als besonders tolerant und lebendig. 1984 fanden hier die Olympischen Winterspiele statt.

Als sich der Vielvölkerstaat 1991 auflöste, zerbrach das alte »Herz Jugoslawiens« in seine ethnischen Bestandteile. Politiker, Priester und Imame mobilisierten die Volksgruppen mit religiöser Propaganda dazu, sich voneinander abzugrenzen.

1991 erklärten sich Slowenien und Kroatien, 1992 auch die Teilrepublik Bosnien-Herzegowina für unabhängig. Bosniaken und Kroaten in Bosnien-Herzegowina hatten dies gegen den Widerstand der Serben per Referendum durchgesetzt. Als der neue Staat im April 1992 von der Europäischen Gemeinschaft und den USA anerkannt wurde, brach der Bosnienkrieg aus: Bosnisch-serbische Streitkräfte eroberten weite Teile des Landes, vertrieben die nichtserbische Bevölkerung und belagerten die Hauptstadt – insgesamt 1.425 Tage lang. Trotz einer internationalen Luftbrücke verloren mehr als zehntausend Einwohner Sarajevos ihr Leben.

Viele Regionen im Land wurden Schauplatz schwerster Kriegsverbrechen. Insgesamt wurden zwischen 1992 und 1995 mehr als 2,2 Millionen Menschen unterschiedlicher Volkszugehörigkeit in und aus Bosnien-Herzegowina vertrieben, mehr als hunderttausend verloren ihr Leben. Hauptopfer der »ethnischen Säuberungen« waren wie in Srebrenica die Muslime.

Die bosnischen Muslime sind in ihrer Mehrheit Sunniten. Während des Krieges erhielten sie aber Unterstützung aus vielen islamisch geprägten Ländern. Die Türkei, Saudi-Arabien, der Iran, die Vereinigten Arabischen Emirate, Kuwait, Ägypten, der Sudan, Indonesien, Malaysia und andere schickten Waffen und humanitäre Hilfe. Außer der Solidarität mit den Glaubensbrüdern ging es darum, politischen und religiösen Einfluss zu gewinnen. Denn die Welt des Islam ist vielfältig und widersprüchlich: So propagiert etwa Saudi-Arabien den Wahhabismus und liegt dabei im Wettstreit mit dem Iran, der dem schiitischen Islam anhängt.

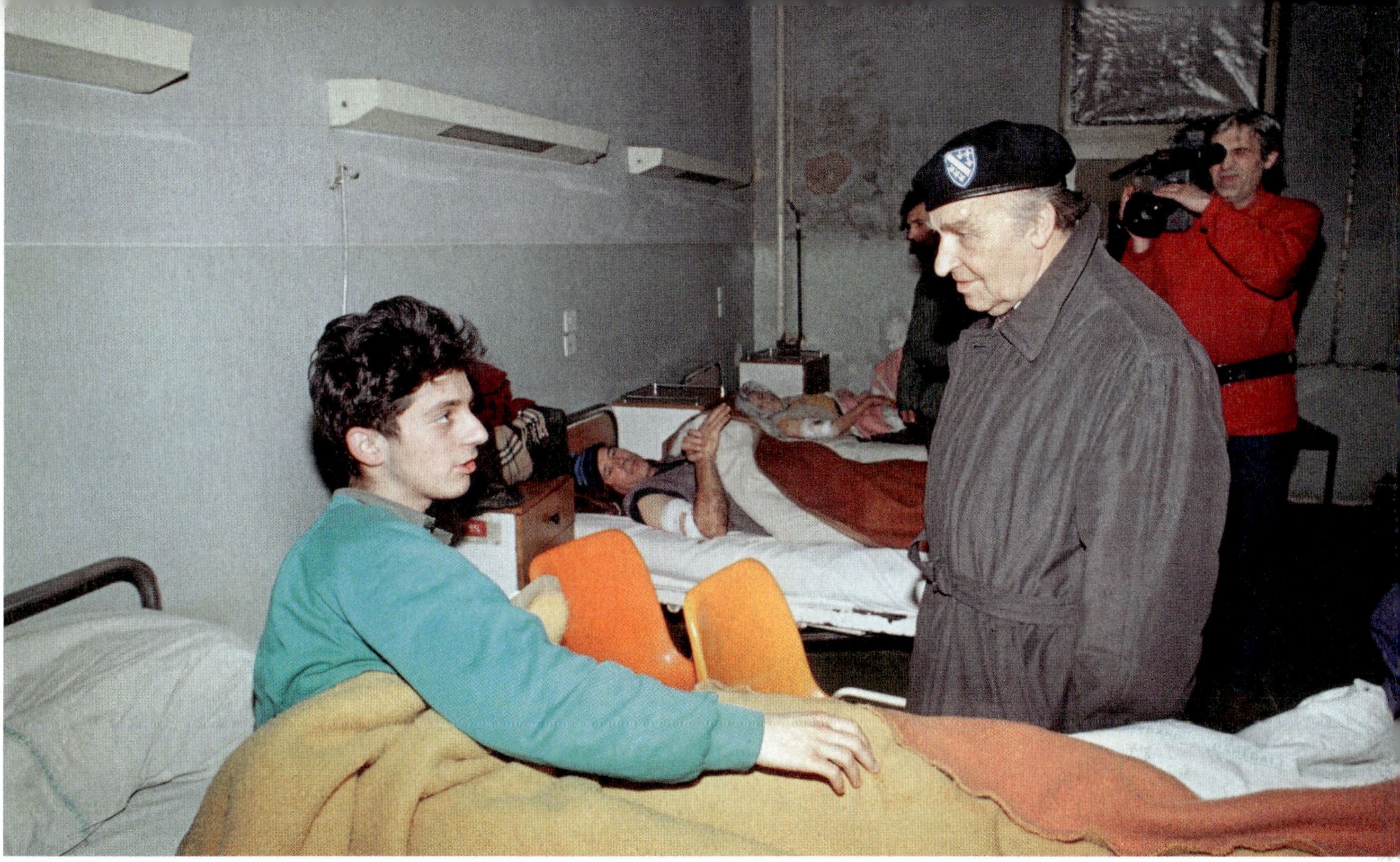

VISITE VOM PRÄSIDENTEN
Alija Izetbegović besucht Anfang Februar 1994 Verletzte in einem Krankenhaus in Sarajevo. Zuvor haben bosnisch-serbische Truppen eine Mörsergranate auf den Markale-Markt im Zentrum gefeuert: 68 Menschen starben, etwa 140 wurden verletzt

Als der Krieg 1995 zu Ende ging, blieben die teils verfeindeten islamischen Mächte im Land. Sie bauten neue Moscheen, gründeten karikative Organisationen oder Bildungsvereine und vergaben Stipendien, um die Bosniaken an sich zu binden. Inzwischen gibt es in Bosnien-Herzegowina tatsächlich kleinere Gruppen von Schiiten, Wahhabiten, Salafisten und Anhängern des New-Age-Islam.

Als während des Krieges mehrere Tausend Mudschahedin aus Afghanistan, Algerien und anderen Ländern aufseiten der bosnischen Muslime kämpften, brachten sie salafistisches Gedankengut mit. Die meisten zogen später in andere Kriegsgebiete weiter, aber einige ließen sich in Bosnien nieder, wo sie in abgelegenen Orten ihre Salafistengemeinden gründeten und später die Terrorgruppe IS mit Freiwilligen unterstützten.

Sarajevos Vielfalt und Toleranz sind im Krieg untergegangen. Die meisten serbischen und kroatischen Einwohner sind während der Kämpfe und danach aus der Stadt geflohen. In der Alt- und in der Neustadt leben heute mehrheitlich Bosniaken, in den Vororten Ostsarajevos Serben.

Die bosnische Hauptstadt wird seit der Belagerung im bosniakisch-muslimischen Sinn »nationalisiert«. Die Gewalterfahrung hat den Menschen ihre ethnisch-religiöse Identität stärker bewusst werden lassen oder eine solche überhaupt erst auferlegt. Heute bewegen sich die meisten Einwohner fast ausschließlich im Kreis von Angehörigen der eigenen Volksgruppe. Gelebte Traditionen geregelten Mit- und Nebeneinanders haben an Bedeutung verloren. Nur eine Minderheit pflegt noch den alten Brauch, die andersreligiösen Nachbarn zu deren Feiertagen zu besuchen.

Auch spielen das aktive Bekenntnis zum Islam und die Religionsausübung im öffentlichen Leben inzwischen eine große Rolle. Die »Islamische Deklaration« wurde mit Steuermitteln wiederaufgelegt. Vielen säkular eingestellten Bosniaken missfällt dies. Es gibt Konflikte zwischen denen, die regelmäßig beten und im Ramadan fasten, und jenen, die es empört, wenn in Krankenhäusern knappe Behandlungszimmer in Gebetsräume umgewandelt werden.

Für Investoren aus der Türkei und der Golfregion ist die Wiedererweckung des Islam ein Geschäftsmodell. Sie bauen Hotels, Ferienhäuser, Shoppingmalls und Casinos; Zehntausende arabische Touristen kommen jährlich ins Land. Zudem locken Events wie die internationale Lebensmittelmesse »Halal Expo Sarajevo« Unternehmen aus der ganzen Welt an.

Sarajevo ist dabei, sich in eine bosniakisch-muslimische Stadt mit panislamischem Touch zu verwandeln. Sein einst multireligiöser Charakter wird bald nur noch am historischen Kulturerbe abzulesen sein. ■

MARIE-JANINE CALIC
ist Professorin für die Geschichte Ost- und Südosteuropas an der Ludwig-Maximilians-Universität München

»Gott will es«

Nicht erst seit Trump grassiert in der evangelikalen Rechten der USA eine extreme Islamfeindlichkeit. Der neue »Kriegsminister« ruft zum Kreuzzug auf VON ANNIKA BROCKSCHMIDT

FÜR DIE GRUNDRECHTE
Am 25. April 2018 demonstrieren Frauen vor dem Supreme Court in Washington gegen den »Muslim ban«. Zwei Monate später erklärt das höchste Gericht der USA die Einreisebeschränkungen für Muslime aus bestimmten Ländern für rechtmäßig

Der Islam hasst uns«, behauptete Donald Trump in einem Interview während des Präsidentschaftswahlkampfs 2016. »Uns«, damit waren die USA gemeint – oder das, was Trump und seine MAGA-Koalition unter dem »echten« Amerika verstehen: ein Land von und für weiße, konservative und rechte Christen.

Als nach dem Ende der Sowjetunion der Antikommunismus als Bindeglied zwischen den verschiedenen, mitunter zerstrittenen Fraktionen der amerikanischen Rechten wegfiel, trat ein neues Band an seine Stelle: der weiße christliche Nationalismus. Er steht für eine Verschmelzung von Religion und Politik, für eine völkisch anmutende Nationalidentität. »Es ist der Versuch, zu behaupten, dass die Vereinigten Staaten von und für Christen, insbesondere weiße protestantische Christen, gegründet wurden, um Bestrebungen und Überzeugungen weißer protestantischer Christen zu fördern«, sagt der Religionswissenschaftler Todd Green. Der christliche Nationalismus will nach religiösen, ethnischen und kulturellen Kriterien bestimmen, wer als »echter« Amerikaner gelten darf.

Die religiöse Rechte in den USA ist kein homogener Block, sie besteht aus vielen verschiedenen Glaubensrichtungen. Lange gaben Evangelikale den Ton an, doch auch rechte Katholiken waren einflussreich. In den letzten Jahren nahm der Einfluss unabhängiger charismatischer Strömungen wie der New Apostolic Reformation zu. Die Erzählung, die diese Gruppierungen verbindet, kündet vom drohenden Untergang: Das weiße christliche Amerika stehe am Abgrund, nur eine »Rückkehr« zu Gott und die Etablierung eines christlichen Staates könnten das Land noch retten.

Theologisch sind sich die Fraktionen der religiösen Rechten in vielem uneins, nicht aber in ihrem gemeinsamen Feindbild. Ihre Islamfeindlichkeit reiche bis in die Zeit vor 9/11 zurück, sagt der Religionswissenschaftler Daniel Miller. Aber die Terroranschläge des 11. September hätten »Öl ins Feuer gegossen und es zum Explodieren gebracht«.

Zum Konzept gehört die Ablehnung von Einwanderung. »Der Islam ist das Schwert, mit dem die Linke Amerikas Kehle durchschneidet«, schrieb der im September auf einem Universitätscampus ermordete rechtsextreme Aktivist Charlie Kirk in dem sozialen Netzwerk X. Auch er hatte sich in den letzten Jahren dem christlichen Nationalismus zugewandt.

Solche Äußerungen stehen in der Tradition der antimuslimischen religiösen Rechten in den Bush-Jahren. Zwar schlug George W. Bush direkt nach den Anschlägen islamistischer Attentäter vom 11. September 2001 versöhnliche Töne an und forderte die Amerikaner auf, ihren muslimischen Nachbarn mit Offenheit zu begegnen. Zugleich sprach er jedoch von einem langen »Kreuzzug«, der die Welt vom Terrorismus befreien solle. Muslime wurden »als fünfte Kolonne, als existenzielle Bedrohung der USA« angesehen, erklärt Todd Green. Mittlerweile sei diese islamfeindliche Erzählung in rechten christlichen Kreisen weitverbreitet.

Gleichzeitig beeinflusste Samuel P. Huntingtons 1996 erschienenes Werk *Clash of Civilizations* das neokonservative Establishment. Trotz der anfangs versöhnlichen Wortwahl habe Bushs Politik »unter dem Huntingtonschen Eindruck gestanden, dass muslimische Amerikaner nie wirkliche Amerikaner sein können«, sagt der Historiker Matthew Gabriele.

Im Krieg gegen den Terror schränkte der Patriot Act die Bürgerrechte der amerikanischen Bevölkerung ein; insbesondere Muslime gerieten unter Verdacht und wurden Opfer von Racial Profiling. Die US-Behörden überwachten Menschen aus mehrheitlich muslimischen Ländern bei der Ein- und Ausreise.

Führende Köpfe der religiösen Rechten dirigierten den Chor derer, die den Islam zur existenziellen Bedrohung erklärten. Der Fernsehprediger Pat Robertson war einer von vielen evangelikalen Führungsfiguren, die nach 9/11 gegen Muslime und

GEWALTPREDIGER
Der Republikaner Clay Higgins, hier im Dezember 2016 nach seinem Sieg bei der Wahl zum Repräsentantenhaus, ruft 2017 zum Mord an radikalen Muslimen auf

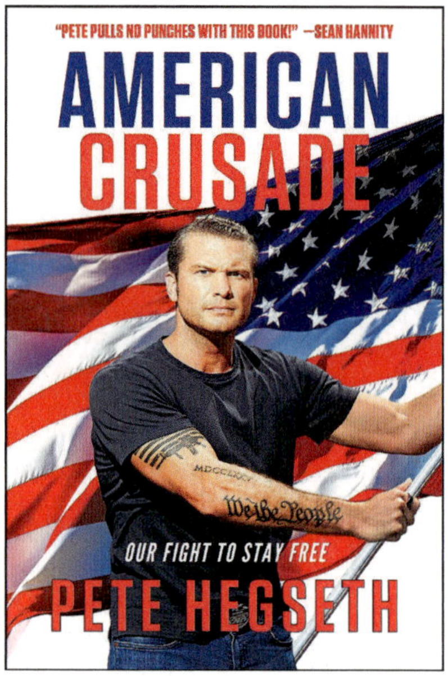

KREUZFAHRER
2020 veröffentlicht der heutige »Kriegsminister« Pete Hegseth sein Buch

den Islam hetzten. Der Koran weise Gläubige an, Terrorakte zu begehen, sagte Robertson 2005 in seiner Fernsehshow: »Im Kern vertritt der Islam Gewalt.«

Die antimuslimische Agitation ließ auch in den folgenden Jahren nicht nach, im Gegenteil. Während des Präsidentschaftswahlkampfs 2007 und 2008 verbreiteten Teile der Rechten das Gerücht, Barack Obama sei ein Muslim und pflege Kontakte zu Terroristen. Es war der Versuch, islamfeindliche und rassistische Ängste vor einem schwarzen Präsidenten zu schüren. Green sieht darin eine Normalisierung der »Vorstellung, dass es unvereinbar ist, Muslim und Amerikaner zu sein«.

Als 2010 in New York ein islamisches Kulturzentrum mit Moschee zwei Häuserblocks von Ground Zero entfernt errichtet werden sollte, reagierte die religiöse Rechte erzürnt. Eine von Pat Robertson gegründete Gruppe klagte, christliche Aktivisten protestierten landesweit gegen Moscheeprojekte in ihrer Nachbarschaft. Der Fernsehsender Fox News, eine Bastion islamfeindlicher Agitation, schürte Ängste vor der Einführung der Scharia in Teilen des Landes.

Im Präsidentschaftswahlkampf 2016 war es Trump, der durch seine Islamfeindlichkeit auffiel. Er forderte ein Einreiseverbot für Muslime, Hillary Clinton und Barack Obama nannte er die »Gründer des IS«. Newt Gingrich, eine damals laute Stimme der religiösen Rechten, der auf den Posten des Vizepräsidenten hoffte, forderte einen Test für alle Muslime in den USA, um deren Verfassungstreue zu überprüfen.

Gingrich wurde nicht Vizepräsident, aber Trump berief andere Islamfeinde wie Steve Bannon (»Der Westen ist im Krieg mit dem Islam«) oder Michael Flynn (»Angst vor Muslimen ist rational«) in seine erste Regierung. Mit dem sogenannten *Muslim ban* setzte er 2017 ein Wahlversprechen um: Die USA untersagten die Einreise von Bürgern aus mehreren mehrheitlich muslimischen Staaten.

Ein wichtiges Element der Islamfeindlichkeit in evangelikalen Kreisen sei der christliche Zionismus, erklärt der Historiker David Walsh von der University of Virginia: »Die Vorstellung, dass die USA das zweite Israel und die Amerikaner das zweite auserwählte Volk seien, war unter vielen Sekten im frühen 19. Jahrhundert verbreitet.« Hinzu traten Antisemitismus und Islamophobie – in dem Sinne, dass Muslime »barbarisch, gewalttätig und dekadent« seien, ohne eigene religiöse und kulturelle Traditionen. Die meisten christlichen Zionisten würden nicht unterscheiden zwischen dem modernen Staat Israel und dem biblischen Königreich Israel. Sie glauben, dass die »Wiederkunft Christi erst dann stattfinden wird, wenn das Heilige Land, insbesondere Jerusalem, unter jüdischer Kontrolle steht und die meisten Nichtjuden, also Muslime, vertrieben worden sind«, sagt Walsh. Juden sind in dieser Theologie Mittel zum Zweck, um die Apokalypse und die Wiederkunft Christi herbeizuführen.

Einer der bekanntesten Vertreter des christlichen Zionismus ist Pastor John Hagee. Als Trump 2018 die US-Botschaft von Tel Aviv nach Jerusalem verlegte, war dies ein Geschenk an den evangelikalen Teil seiner Basis, die darin ein Zeichen sah, dass die Wiederkunft Jesu nahe. Hagee sprach das Segensgebet bei der Eröffnung der Botschaft. Zuvor hatte er behauptet, dass der Islam »Gewalt nicht nur unterstützt, sondern verlangt« und dass Gott Hitler als »Jäger« geschickt habe, weil die Juden das Heilige Land verlassen hätten.

Eine Studie des Public Religion Research Institute von 2021 ergab, dass 75 Prozent der weißen Evangelikalen (von denen im Jahr zuvor 80 Prozent Trump gewählt hatten) glauben, der Islam sei nicht vereinbar mit amerikanischen Werten, gefolgt von 58 Prozent der weißen Katholiken und 50 Prozent der weißen Protestanten. Unter den Evangelikalen war der Glaube an die Unvereinbarkeit des Islam mit amerikanischen Werten im Vergleich zu 2011 um 16 Prozentpunkte gestiegen.

Während Trumps erster Amtszeit wurde ein neues Hoch in der antimuslimischen Agitation erreicht, sagt Matthew Gabriele: »Während der Welle von IS-Terrorangriffen in Europa war die Rhetorik fürchterlich. Der republikanische Abgeordnete Clay Higgins aus Louisiana rief zu einem Massaker an Muslimen auf, es gab Rufe nach einem Heiligen Krieg.« Higgins hatte 2017 auf Facebook gefordert, dass jeder, der verdächtigt werde, dem »radikalen Islam« anzugehören, ermordet werden solle: »Tötet sie alle.«

Die Biden-Regierung setzte das Einreiseverbot für Menschen aus muslimischen Ländern 2021 aus, die zweite Trump-Regierung führte eine Variante wieder ein. Auch in dieser Administration ist Islamfeindlichkeit verbreitet: So wähnt sich »Kriegsminister« Pete Hegseth, ein fundamentalistischer Evangelikaler, auf einem »amerikanischen Kreuzzug«.

In seinem gleichnamigen Buch von 2020 schrieb er, der Islam sei »keine Religion des Friedens und war es nie«. Islamisten planten, durch Einwanderung und hohe Geburtenraten Amerika und Europa zu »erobern« – die rechtsextreme Verschwörungstheorie vom »Great Replacement«, dem »großen Austausch«.

Hegseth soll laut Medienberichten 2015 in einer Bar »Tötet alle Muslime!« gerufen haben. Auch seine Tattoos spiegeln den Heiligen Krieg wider, in dem sich der Kriegsminister sieht. Neben Motiven, die in der rechten Miliz-Bewegung beliebt sind, finden sich auch religiös konnotierte: ein Jerusalemkreuz, das arabische Wort für »Ungläubiger« und *»Deus Vult«*. Letzteres bedeutet »Gott will es« und soll der Schlachtruf der ersten Kreuzritter im 11. Jahrhundert gewesen sein. *»Deus Vult«* sei »nie als Aufruf zum spirituellen Kampf, zu Besinnung und Gebet« interpretiert worden, sagt der Mittelalter-Historiker Thomas Lecaque: »Es wurde immer als Aufruf zum Blutvergießen verstanden.«

»Deus Vult« als göttlich sanktionierter Schlachtruf gegen Muslime findet sich als Referenz auch bei rechtsextremen Mördern wie dem Attentäter von Christchurch, der 2019 in Neuseeland 51 Menschen in zwei Moscheen tötete. Auch Anders Breivik, der 2011 in Norwegen 77 Menschen ermordete, verstand sich als moderner Tempelritter. Dass Hegseth eine solche Kombination von Tattoos trägt, lässt für den Historiker Gabriele nur einen Schluss zu: »Das sind islamfeindliche Symbole der White Supremacy.«

Die Verklärung der Kreuzzüge sei in der religiösen Rechten populär. Das Bild von den Kreuzrittern werde durch die europäische Forschung aus dem 19. Jahrhundert geprägt, deren Schriften wegen des abgelaufenen Copyrights online kostenfrei verfügbar sind – ohne dass der koloniale Hintergrund kritisch betrachtet werde: »Die übergreifende Erzählung ist eine des europäischen weißen Triumphalismus, den amerikanische Evangelikale und die extreme Rechte gerne aufgreifen«, sagt Gabriele. Während die Kreuzzugssymbolik überall in der extremen Rechten beliebt sei, lasse sich in den USA insbesondere die Figur des gottesfürchtigen Ritters mit der Cowboykultur vereinen.

Pete Hegseth, der Trump als »Crusader-in-Chief« bezeichnet, fordert die Leser am Ende seines Buches zu einem modernen Kreuzzug auf: »Wir sehen uns auf dem Schlachtfeld. Gemeinsam werden wir mit Gottes Hilfe Amerika retten. *Deus vult!*« Dass Hegseth als Minister bestätigt wurde, bezeugt, wie akzeptiert seine Ansichten bei den Republikanern mittlerweile sind. Die Normalisierung des religiösen Extremismus indes wirkt über die Partei der Republikaner hinaus. In der Senatsanhörung wurden Hegseths Kreuzzugssymbolik und Islamfeindlichkeit auch von den Demokraten nicht thematisiert. ■

ANNIKA BROCKSCHMIDT
ist freie Journalistin und lebt in Berlin. Von ihr erschien das Buch »Amerikas Gotteskrieger«

SPUREN DES TERRORS
25 Menschen werden im Juni 2025 bei einem Selbstmordanschlag in dieser Kirche in Damaskus getötet. Das Bild zeigt den zerstörten Innenraum des Gotteshauses

Auszug aus dem »Morgenland«

Einst gab es große christliche Gemeinden im Nahen Osten. Verblieben sind kleine, oft drangsalierte Minderheiten. Stirbt bald eine jahrtausendealte Tradition? VON ULF SCHÖNERT

Damaskus, der 22. Juni 2025, am frühen Abend gegen 18.30 Uhr. Auf den Holzbänken der orthodoxen Mar-Elias-Kirche im Stadtteil Dwela haben sich Hunderte Gläubige versammelt. Es ist der Festtag der antiochenischen Heiligen, der Gottesdienst hat bereits begonnen, gerade wird die Apostelgeschichte des Lukas verlesen. Da sind von draußen plötzlich Schüsse zu hören. Jemand reißt die Tür auf.

Ein oder zwei Attentäter, so ganz wird das nie geklärt, stürmen in die Kirche und beginnen auf die Gläubigen zu schießen. Als mehrere Gemeindemitglieder versuchen, sich ihnen entgegenzustellen, gibt es einen furchtbaren Knall. Die Explosion des Sprengstoffgürtels ist so stark, dass es die Ikonen von den Wänden reißt. Dutzende Verletzte werden ins nahe Hospital gebracht. Doch für 25 Menschen kommt jede Hilfe zu spät. Sie sterben bei dem Attentat, für das zwei Tage später eine islamistische Gruppe namens Saraya Ansar al-Sunna die Verantwortung übernimmt.

Die Selbstmordattacke auf die Mar-Elias-Kirche im Sommer war der schwerste Angriff auf die christliche Gemeinschaft im Nahen Osten seit Jahren. Aber längst nicht der einzige. In Syrien starben kürzlich in der Ortschaft Anaz drei christliche Männer bei einem Feuerüberfall maskierter Männer von einem Motorrad aus. In der Stadt Hama schändeten Unbekannte christliche Gräber und schossen auf die Fassade eines orthodoxen Gotteshauses. Im Dorf Al-Sura in der Provinz Suweida steckten Unbekannte die griechisch-melkitische Kirche in Brand. Nahe der Hafenstadt Tartus konnten Sicherheitskräfte einen Bombenanschlag gegen eine maronitische Kirche gerade noch vereiteln. Gibt es eine neue Christenverfolgung im Nahen Osten?

»Die Situation in Syrien ist schwieriger geworden, aber grundsätzlich können Christen ihre Religion frei ausüben«, sagt Claudia Rammelt, Nahostexpertin der Universität Göttingen. »Sie feiern Gottesdienste und pflegen eine lebendige Kultur in ihren Gemeindezentren.« Doch die Verunsicherung wachse. »Viele fragen sich, ob sie noch ausreichend geschützt werden. Oder ob sie das Land nicht besser verlassen sollen.«

So wie die Hunderttausenden Christen aus dem Nahen Osten, die das in den vergangenen Jahren bereits getan haben. Wie viele es sind, die inzwischen in den USA oder in Europa leben, weiß niemand genau. Die letzten Volkszählungen stammen zum Teil noch aus der Kolonialzeit. Aus ihnen geht hervor, dass die Christen seinerzeit in der Region ein beachtlicher Faktor waren: Noch vor hundert Jahren stellten sie etwa 25 Prozent der Bevölkerung. Heute sind es nur noch etwa drei bis vier Prozent.

In den Zahlen spiegeln sich zunächst einmal langfristige demografische Trends: höhere Wachstumsraten bei den Muslimen im Vergleich zur christlichen Bevölkerung. In manchen Ländern, etwa im Libanon, trägt darüber hinaus der Zustrom von muslimischen Flüchtlingen zum Schwund des relativen Bevölkerungsanteils der Christen bei.

Hinzu kommen jedoch Flucht und Vertreibung. »Seit den frühen 2000er-Jahren erleben wir einen echten Massenexodus von Christen im gesamten Nahen Osten«, sagt Matthias Kopp, Sprecher der Deutschen Bischofskonferenz. Krieg, Terror, Not, fehlende Staatlichkeit und mangelnde Perspektiven seien die wichtigsten Ursachen. Für die kleinen, oft schon arg dezimierten christlichen Gemeinden werde der Exodus existenzbedrohend, sagt Kopp: »Es steht zu befürchten, dass das Christentum mit seiner 2.000-jährigen Tradition in weiten Teilen der Region vollständig verschwinden wird. Das müssen wir mit allen Kräften verhindern.«

In Syrien gab es vor dem Ausbruch des Bürgerkriegs 2011 noch etwa zehn bis zwölf Prozent Christen; inzwischen sind es nur noch zwei bis drei Prozent. Kaum anders ist die Lage im Irak. Zur Zeit Saddam Husseins lebten dort noch etwa 1,5 Millionen Christen. Nach dem Zusammenbruch der Diktatur und dem Bürgerkrieg ging ihre Zahl auf 300.000 zurück, manche schätzen sie eher auf 150.000.

In Ägypten liegt der Anteil der Christen heute bei sechs bis acht Prozent. Zu Beginn des 21. Jahrhunderts sollen es zehn bis zwölf Prozent gewesen sein. Im Libanon haben die Christen mit 30 bis 40 Prozent noch den größten Anteil in der Region. Über Jahrzehnte hinweg waren sie hier in

der Mehrheit, was ihnen eine starke Stellung in der Politik garantierte, doch diese Zeiten sind auch im Libanon vorbei.

Nicht zum ersten Mal stehen die Christen im Nahen Osten unter Druck. Zur ersten großen Abwanderungswelle kam es 1922 nach dem Zerfall des Osmanischen Reichs. Damals gerieten die Christen, unter dem Sultan eine weithin tolerierte und respektierte Minderheit, ins Visier türkischer und arabischer Nationalisten. In Istanbul etwa war Anfang der Zwanzigerjahre noch etwa jeder fünfte Einwohner christlich. Nach jahrzehntelangen Vertreibungen und Pogromen blieb am Ende kaum jemand übrig. Heute wird der christliche Bevölkerungsanteil in der Türkei auf etwa 0,2 Prozent geschätzt.

Besser erging es den Christen zunächst in den von Briten und Franzosen übernommenen Gebieten des ehemaligen Osmanischen Reichs. In Ägypten, Syrien, Palästina, dem Irak und Transjordanien gehörten sie oft zu den gehobenen Schichten, unterhielten Krankenhäuser und Schulen, die auch unter Muslimen beliebt waren. Doch immer wieder gerieten sie in Verdacht, mit den Kolonialmächten, Missionaren oder Machthabern autoritärer Regime zu kollaborieren. Wohl nicht ganz zu Unrecht.

»Für die Christen des Nahen Ostens war Opportunismus eine Art Überlebensstrategie und aktive Opposition in den meisten Fällen auch gar nicht möglich«, sagt Matthias Vogt, Generalsekretär des katholischen Deutschen Vereins vom Heiligen Lande. »Weil sie als Minderheit auf Schutz angewiesen waren, haben sie sich traditionell stark an die staatlichen Autoritäten gebunden.« Deshalb hätten sie auch vor dem Unrecht von Diktaturen oft die Augen verschlossen, solange sie nur selbst geschützt waren: »Das war in Ägypten unter Mubarak so, in Syrien unter Assad und im Irak unter Saddam Hussein«, sagt Vogt. »Als diese Regime dann gestürzt wurden, wurde die Lage auch für die Christen schwierig.«

Den Kriegen und der terroristischen Gewalt, die dem Arabischen Frühling 2011 folgten, fielen auch zahlreiche Christen zum Opfer. In Ägypten griffen dschihadistische Attentäter koptische Kirchen an und töteten Hunderte Gläubige. Bei Massakern in Libyen ermordeten Terroristen Dutzende christliche Gastarbeiter aus Ägypten und Äthiopien. Im Irak entführten Kämpfer des »Islamischen Staates« (IS) Geistliche und machten Jagd auf »Nazarener«, deren Häuser mit einem gesprühten »N« markiert wurden. Aus der Stadt Mossul flohen alle christlichen Einwohner. Zwar wurde nach der Niederschlagung des IS vieles wieder aufgebaut – so läuten seit 2022 wieder die Glocken der Klosterkirche in Mossul. Doch der größte Teil der Gemeinde, ehemals mehrere Zehntausend Menschen, wird wohl nie zurückkehren.

Manche Experten befürchten, dass die Entwicklung im Irak sich in Syrien wiederholen könnte. Auch dort wird unter dem neuen Machthaber Ahmed al-Scharaa ein laizistischer Staat in einen islamischen verwandelt, mit unabsehbaren Folgen für die Minderheiten. Der Optimismus, den der armenisch-orthodoxe Bischof von Damaskus nach dem Sturz des Diktators Assad geäußert hatte, ist jedenfalls verflogen – spätestens nach den Gewaltorgien gegen Alawiten und Drusen, denen auch Christen zum Opfer fielen. Und erst recht nach dem Attentat auf die Mar-Elias-Kirche.

Kamal Sido, Nahostexperte der Gesellschaft für bedrohte Völker, fürchtet, dass ein weiterer Exodus bevorsteht. Er glaubt, dass die Gemeinden der Region nur dann eine dauerhafte Zukunft haben, wenn es gelingt, den Islamismus zurückzudrängen. »Es gibt gegenwärtig eine große Unsicherheit. Die Christen können jederzeit wieder zwischen die Fronten geraten.« Den neuen Machthabern in Syrien traut er den Schutz der Minderheiten nicht zu: »Alle Macht liegt in den Händen bewaffneter Gruppen«, sagt Sido. »Und anders als Drusen und Kurden haben die Christen keine eigene Miliz. Sie sind in allen Landesteilen eine kleine Minderheit und auf das Wohlwollen der jeweiligen regionalen Machthaber angewiesen.«

Es sieht so aus, als würden sich die Christen des Nahen Ostens wieder einmal anpassen müssen. Oder fliehen. ■

ULF SCHÖNERT *ist freier Journalist und lebt in Hamburg*

ORT DES GEBETS
Am »Tag der offenen Moschee« versammeln sich im Oktober 2022 Besucherinnen und Besucher in der Ditib-Zentralmoschee in Köln-Ehrenfeld

»Man darf diese Ideologie nicht verharmlosen«

Die Moschee-Gründerin Seyran Ateş warnt vor der Ausbreitung eines »politischen Islam« in Deutschland – und erklärt, warum das Kopftuch in Schulen tabu sein sollte

ZEIT Geschichte: »Der Islam gehört zu Deutschland«, hat Bundespräsident Christian Wulff im Jahr 2010 gesagt. Stimmt das?
Seyran Ateş: Der Satz von Herrn Wulff war nicht sein klügster. Was ist »der Islam«? Diesen Satz herauszuposaunen und zu meinen, er könne für den gesamten Islam in seiner Pluralität gelten, war nachlässig. Besser wäre gewesen: »Musliminnen und Muslime gehören zu Deutschland.« Etwa sechs Millionen sind Teil unserer Gesellschaft. Aber es gibt unter ihnen einige, die unter Berufung auf den Islam weder die Demokratie noch unser Grundgesetz, noch unsere Strafgesetze, noch unser Familienrecht anerkennen. Das ist inakzeptabel. Ich sage: Zu diesem Land gehört, wer sich an seine Regeln hält.
ZEIT Geschichte: Warum, denken Sie, hatte der Bundespräsident das Gefühl, diesen Satz aussprechen zu müssen?
Ateş: Es gab und gibt Konflikte zwischen traditionellen Muslimen und der Mehrheitsgesellschaft in Deutschland, aber auch unter den Muslimen selbst. Wulffs Antwort darauf war dieser Satz. Er wollte zeigen: Wir, die multikulturelle Gesellschaft, vertragen auch ein bisschen Islam.
ZEIT Geschichte: Sollte der Satz Muslime nicht auch in Schutz nehmen gegen Vorurteile und Diskriminierung? Spätestens nach 9/11 ist ein wirkmächtiges Feindbild entstanden.
Ateş: Die Terroranschläge vom 11. September 2001 waren eine Zäsur. Aber dass das Feindbild, von dem Sie sprechen, entstanden ist, hat ja auch Gründe. Es gab Anschläge islamistischer Gruppen und gibt sie weiterhin – und wir diskutieren nicht genug über das Warum. Das Thema ist zwar dauernd in den Medien, die AfD ist dadurch groß geworden, aber ich kann mich an kaum eine vernünftige Debatte über die Wurzeln des Terrors erinnern.
ZEIT Geschichte: Wie stellen Sie sich eine solche Debatte vor?
Ateş: Ich habe 2017 die Ibn-Rushd-Goethe-Moschee in Berlin gegründet, um sichtbar zu machen, dass es auch ganz andere Muslime gibt. Bei uns sind Männer und Frauen gleichberechtigt und beten gemeinsam, auch Menschen aus der LGBTQ-Community sind willkommen. Unsere Moschee soll gerade ein Raum für den Meinungsstreit sein. Dabei hilft es überhaupt nicht, wenn jede Kritik am Islam reflexhaft in die »islamfeindliche« Ecke gestellt wird. Eine echte Auseinandersetzung über Islam und Migration fehlt, auch darüber, wie sich die Moscheen und unsere Gesellschaft durch die Einwanderung seit 2015 verändert haben. Stattdessen hängt sich die Debatte im Moment am »Stadtbild«-Zitat von Kanzler Merz auf. Er hat da einen wichtigen Punkt angesprochen. Selbstverständlich hätte er differenzierte Erklärungen anhängen können. Hätte das geholfen? Nein. Wer sich einer ehrlichen Debatte über Migration verweigern will, arbeitet sich eben an einem solchen Begriff ab.
ZEIT Geschichte: Ging es ihm dabei um Muslime?
Ateş: Nicht nur, aber auch. Es geht um toxische Männlichkeit. Männer, die Frauen hinterherpfeifen, ihnen nachstellen, sie belästigen und missbrauchen. Diese Männer gibt es überall auf der Welt. Aber in Berlin und in anderen deutschen Metropolen haben wir es im Moment häufig mit Gruppen aus dem arabisch-muslimischen Kulturkreis zu tun. Das dürfen und müssen wir aussprechen, ohne zu vergessen, dass es auch andere, deutsche Män-

الله

ner gibt, die das Gleiche machen. Aber wenn wir das Problem beschweigen oder negieren, wird es größer. Sexualisierte Gewalt nimmt in Deutschland wieder zu. Es ist niemandem geholfen, wenn wir die Debatte über die Ursachen abwürgen. Verlierer sind die Opfer, weil über diese Täter nicht gesprochen wird.

ZEIT Geschichte: Über welche Ursachen für sexualisierte Gewalt würden Sie denn gerne reden?

Ateş: Wir müssen darüber sprechen, wo diese Jungs ihr Menschen- und Frauenbild herhaben. Und wir müssen über eine andere Integrationspolitik reden. Das geht in den Schulen los: Die Kinder sollten dort zwei Jahre lang nur Lesen, Schreiben, Rechnen und Demokratie lernen. Keine Religion an der Schule, keine ideologisch aufgeladenen Themen. Warum sollen sich Grundschüler darüber Gedanken machen, was *haram* und *halal* ist, was also nach dem Islam erlaubt ist und was nicht? Warum tragen Grundschülerinnen Kopftuch? Erst von der vierten, fünften Klasse an können Kinder religiöse Fragen überhaupt erfassen. Ich wünsche mir, dass sie dann etwas über Artikel 4 im Grundgesetz zur Religionsfreiheit lernen. Er sagt nicht: Alle anderen sind »Ungläubige« oder »Ketzer«. Sondern er bedeutet, dass ich die Glaubens- und Weltanschauungsfreiheit der anderen nicht einschränken darf. Menschen haben das Recht, nicht an Gott zu glauben.

ZEIT Geschichte: Sie legen nahe, dass eine strenge muslimische Erziehung der Integration im Wege steht. Dafür hat man Ihnen »antimuslimischen Rassismus« vorgeworfen.

Ateş: Ich kann diesen Begriff nicht ausstehen. Meine Religion ist keine »Rasse«. Es gibt in unserer Gesellschaft Diskriminierung von Musliminnen und Muslimen und auch Islamfeindlichkeit. »Antimuslimischer Rassismus« halte ich für einen Kampfbegriff, der Kontroversen verhindern soll. Sprechen Sie mit Lehrerinnen und Lehrern, die an bestimmten Schulen in Großstädten arbeiten. Die wünschen sich weniger Islam am Arbeitsplatz und mehr Allgemeinbildung. Es gibt heute Gebetsräume an der Schule oder gemeinsames Fastenbrechen. Kinder fasten, statt sich auf den Unterricht zu konzentrieren. Es gibt Lehrer, die Chemie oder Physik unterrichten, aber beginnen, Arabisch zu lernen und den Koran zu studieren, weil die Religion so viel Platz im Klassenzimmer einnimmt. Gegen den Einfluss der Moschee mit all ihrer Zeit und ihrem Geld kommen sie aber ohnehin nicht an.

ZEIT Geschichte: Man kann auch ein Versäumnis der Politik und der Mehrheitsgesellschaft darin sehen, wenn für junge deutsche Muslime nicht die Schule oder der Sportverein, sondern die Moschee zum Lebensanker wird.

Ateş: Ja, richtig. Und das ist so, weil wir vielen Debatten aus falscher Toleranz aus dem Weg gegangen sind. 1998 ist die erste Lehrerin vor Gericht gezogen, die in der Schule ihr Kopftuch tragen wollte. Ich habe schon damals argumentiert, dass die Verhüllung weit mehr ist als ein Stück Stoff. Sie ist Teil einer politischen Bewegung. Meine Prognose war, dass es dann irgendwann auch kleine Mädchen gibt, Grundschülerinnen, die Kopftuch tragen. Ich wurde als hysterisch bezeichnet. So etwas hatte man zu dieser Zeit in Berlin noch nicht gesehen. Das ist heute ganz anders.

ZEIT Geschichte: Aber widerspricht es nicht der Religionsfreiheit, Lehrerinnen und Schülerinnen das Kopftuch zu verbieten?

Ateş: Ich halte das Kopftuch für das deutlichste Zeichen einer Geschlechter-Apartheid und nicht für einen Ausdruck religiöser Freiheit. Sie sehen aus der Entfernung eine Person mit Kopftuch und wissen: eine Frau. Ich bin selbst Muslimin und akzeptiere diese Markierung nicht. Das Kopftuch ist auch keinesfalls klar im Koran vorgeschrieben – es gehört nicht zu den fünf Säulen des Islam. Es wird aber darüber debattiert, als wäre es das höchste Gebot. Die Verhüllung ist allein vom Mann her gedacht. Es geht um seine Fantasien: Er soll vor den sexuellen Reizen der Frau geschützt werden. Aber lieber diskutieren wir darüber, warum Frauen sich angeblich aus freiem Willen verhüllen.

ZEIT Geschichte: Bereitet es Ihnen manchmal Bauchschmerzen, dass Kritik dieser Art gerade im rechten Spektrum gut ankommt?

Ateş: In meinem ersten Buch, das 1983 erschien, habe ich darüber geschrieben, wie ich aus der patriarchalen Welt meiner türkisch-kurdischen Familie ausgebrochen bin, weil ich frei leben wollte. Schon damals hieß es, ich würde »Ausländerfeindlichkeit« schüren.

SEYRAN ATEŞ leitet seit 2017 als Imamin die von ihr mitgegründete Ibn-Rushd-Goethe-Moschee in Berlin und engagiert sich als Frauenrechtlerin gegen Zwangsehen. Nach Morddrohungen radikaler Muslime steht sie unter Polizeischutz; 1984 überlebte sie ein Attentat. Wegen Anschlagsplänen des IS musste die Moschee zeitweise schließen

Hätte ich darauf gehört, wäre ich niemals Anwältin für muslimische Frauen geworden, ich hätte mich nicht so oft in die gesellschaftliche Debatte eingebracht, und auch unsere Moschee würde nicht existieren. Ein Problem verschwindet nicht, weil man es nicht benennt. Helmut Kohl hat als Kanzler 16 Jahre lang behauptet, Deutschland sei kein Einwanderungsland. Welch ein Irrtum.

ZEIT Geschichte: Die CDU hat sich seitdem gewandelt, vom Wulff-Satz bis zu Merkels »Wir schaffen das«. Nun sagen Sie, die deutsche Islampolitik sei gescheitert. Warum so kategorisch?

Ateş: Nehmen Sie die Islamkonferenz der Bundesregierung, zu der 2006 Innenminister Schäuble eingeladen hatte – und bei der ich als Frauenrechtlerin anfangs selbst dabei war. Die Parteien haben damit im Grunde nur islamische Verbände wie die Ditib politisch etabliert, den langen Arm der staatlichen Religionsbehörde der Türkei. Deutsche Politiker, vor allem Männer, haben Verbandsfunktionären, also Männern mit türkischen Wurzeln, den roten Teppich ausgerollt. Deren reaktionäres Verständnis von Islam wurde zur Richtschnur. Die Pluralität unserer Religion auch in Deutschland bildet das nicht ab. Konsequenterweise wurde ich später auch nicht mehr zur Konferenz eingeladen.

ZEIT Geschichte: Was ist Ihr Vorschlag? Der Islam ist nicht in Kirchen organisiert wie das Christentum. Wer kann und soll für die Musliminnen und Muslime in Deutschland sprechen?

Ateş: Da liegt der Fehler: Die Mehrheit der deutschen Politiker und Kirchenvertreter schaut auf den Islam, als sei er eine Variante des Christentums. Sie versuchen ihn zu verkirchlichen, das funktioniert nicht. Die Ditib zum Beispiel ist etwas völlig anderes als die Evangelische Kirche. Dieser Verband ist zum außenpolitischen Werkzeug des türkischen Präsidenten Erdoğan geworden, eine Organisation, die Religion und Politik rücksichtslos vermengt. Besser wäre es gewesen, eine Art Islamrat aus vielen unterschiedlichen Gruppierungen zu wählen – und wenn es hundert verschiedene sind, dann ist das eben so.

ZEIT Geschichte: Zur Ditib gehört aber ein großer Teil der etwa 2.800 Moscheen in Deutschland. Der Verband selbst gibt an, mehr als 70 Prozent der Muslime im Land zu vertreten.

Ateş: So ist es. Man sollte sich aber hüten, daraus weitgehende Schlüsse zu ziehen: Die Ditib kann bis heute nicht einmal die Frage beantworten, wie viele Mitglieder sie hat oder wie viele Menschen die eigenen Moscheen besuchen. Die Besucher werden nicht gezählt. Man zahlt als Muslim keine Kirchensteuer, durch die man einer Gemeinde zugeordnet wäre. Man erscheint zum Gebet, spendet – das war es. Zudem sind Musliminnen und Muslime vielerorts gezwungen, in Moscheen der Ditib zu gehen, weil es keine Alternative gibt. Das heißt nicht, dass sie den Verband unterstützen. Ich kenne Muslime, die zwar am Freitag zum Gebet gehen, aber erst nach der Predigt. Sie wollen die Propaganda nicht hören.

ZEIT Geschichte: Inwiefern Propaganda?

Ateş: Die Predigten kommen aus Ankara und werden hier nur vorgelesen. Auch die meisten Imame der Ditib werden aus der Türkei geschickt. Spätestens seit dem missglückten Militärputsch gegen Erdoğan 2016 ist das gesamte Personal auf Linie, bis zum Hausmeister. Wer es nicht war, wurde entlassen. Es geht in diesen Moscheen kaum noch um Spiritualität, aber ganz oft um Politik – und natürlich herrscht Geschlechtertrennung. Und diesem Verband hat die deutsche Politik die Deutungshoheit über den Islam in Deutschland zuerkannt. Seine Moscheen sind genau das, was man als »politischen Islam« bezeichnen muss.

ZEIT Geschichte: CDU und SPD haben sich im Koalitionsvertrag darauf geeinigt, den »Islamismus« zu bekämpfen. Meinen Sie das mit »politischem Islam«?

Ateş: Ich meine den Islam, der die Trennung zwischen Politik und Religion einebnet. Und die Moscheen, in denen verharmlosend über die Scharia, eine Paralleljustiz und ein »Kalifat« gesprochen wird. Nach dem Motto: Für die Scharia und ein Kalifat zu sein, widerspreche nicht dem Grundgesetz, sondern sei nur religiöse Überzeugung. Das Gegenteil ist richtig! Die Scharia ist zwar kein niedergeschriebenes Gesetzbuch, aber als Familienrechtsanwältin weiß ich, was sie bedeutet: dass Frauen konsequent benachteiligt und diskriminiert werden. Wurde eine Ehe nur nach islamischem Recht geschlossen, hat die Ehefrau nach der Scheidung kaum Rechte, zum Beispiel keine Renten- oder Unterhaltsansprüche.

ZEIT Geschichte: Wenn Sie Kalifats-Fantasien betonen, besteht nicht die Gefahr, dass der Islam mit Islamismus gleichgesetzt wird? Sie haben die Pluralität Ihrer Religion ja selbst hervorgehoben …

Ateş: Der Islam hat theologisch und spirituell viele Gesichter, das ist richtig. Denken Sie etwa an die Sufi-Mystik aus der heutigen Türkei, aus Afghanistan, Persien, an das mittelalterliche Al-Andalus oder das frühe Schisma von Sunniten und Schiiten. Wenn wir den Koran heute historisch-kritisch lesen, können wir gar nicht anders, als diese Vielstimmigkeit zu würdigen. Aber es gibt eine starke Strömung im Islam, die sich gegen Pluralität wendet: Die will einen Islam, der für alle gilt. Debatten über den Koran sollen unterbleiben. Alles sei wortwörtlich zu verstehen, und es gebe nur eine richtige Interpretation, die vom Staat zu kontrollieren und zu sanktionieren sei. In diese Kategorie gehört die Ditib, ebenso wie die Wahhabiten in Saudi-Arabien, die Muslimbrüder, die Salafisten und andere Fundamentalisten. Das ist der politische Islam.

ZEIT Geschichte: Wie viele Anhänger hat er in Deutschland?

Ateş: Ich bin in den Siebzigern und Achtzigern aufgewachsen, damals bestand er aus einer Handvoll Leuten. Seitdem ist er stetig gewachsen, zuletzt durch den starken Zustrom von Muslimen aus der arabischen Welt. Erinnern Sie sich an den sogenannten »Kalifen von Köln«, Metin Kaplan? Dessen Propaganda galt in den Neunzigerjahren eher als Randnotiz. Aber man hatte wenigstens darüber gesprochen und sich empört. 2004 wurde er abgeschoben. Inzwischen hat sich eine gleichgültige Haltung breitgemacht, nach dem Motto: Ist doch in Ordnung, bloß nicht »islamfeindlich« werden. Aber das Schweigen schadet vor allem den Migranten und Geflüchteten, die in einer freien Welt leben wollen. Sie sind vor dem »Islamischen Staat«, den Taliban oder Boko Haram geflohen – und müssen sich dann anschauen, wie in Hamburg Tausende junge Menschen für ein »Kalifat« auf die Straße gehen.

ZEIT Geschichte: Die Kalifats-Demonstranten von Hamburg sind aber doch eine radikale Minderheit, oder?

Ateş: Mein Team war vor einiger Zeit in Kiel an einer Schule. Einige der Jugendlichen dort waren bei einer dieser Kalifats-Demos gewesen und hatten danach in der Schule homophobe und antidemokratische Parolen verbreitet. Unser Workshop lief gut, die Jugendlichen waren begeistert. Aber die Jungs, um die es ging, erschienen nicht. Unseren zweiten Termin hat der Schulleiter dann abgesagt. Es habe nach unserem ersten Besuch Unruhe gegeben, weil die Radikalen der Ansicht waren, dass der Islam »schlechtgemacht« werden sollte. So haben diese zwei, drei Jungs gewonnen und werden neue Anhänger finden. Man darf diese Ideologie einfach nicht verharmlosen. Würden wir so auch mit einer Gruppe von Neonazis oder Evangelikalen umgehen?

ZEIT Geschichte: Ist der Kampf um einen liberalen Islam verloren?

Ateş: Was den politischen Islam anbelangt, sehe ich schwarz. Es gibt viel mehr liberale Muslime, als oft angenommen wird, aber sie sind zu still – aus Angst. Trotzdem gebe ich natürlich nicht auf. Aber inzwischen bin ich 62 Jahre alt, und es ist wirklich nur die letzte Hoffnung, die noch da ist. Vor allem für die Frauen, die jungen Menschen, die ich – nicht nur juristisch – berate, stehe ich jeden Morgen auf. Das gibt mir Kraft. ■

Das Gespräch führten Markus Flohr und Samuel Rieth

BIBLIOGRAFIE

CHRISTEN UND MUSLIME

Michael Borgolte
Christen, Juden, Muselmanen
Die Erben der Antike und der Aufstieg des Abendlandes 300 bis 1400 n. Chr.
Wie der Siegeszug der monotheistischen Weltreligionen die Vielgötterei verdrängte und den Aufstieg Europas begründete
Siedler Verlag, München 2006; 639 S., 74,– €

Dorothea Weltecke
Die drei Ringe
Warum die Religionen erst im Mittelalter entstanden sind
Die Historikerin zeigt, wie eng Islam, Judentum und Christentum anfangs verbunden waren – und wieso es dennoch zu gewaltsamen Konflikten kam
C. H. Beck Verlag, München 2024; 608 S., 38,– €

Alfred Schlicht
Die Araber und Europa
2.000 Jahre gemeinsamer Geschichte
Auch die Jahrhunderte vor der Entstehung des Islam bezieht der Orientalist in seinen Überblick ein
Kohlhammer Verlag, Stuttgart 2008; 226 S., 26,– €

Edward Said
Orientalismus
Der Blick westlicher Wissenschaftler auf die arabisch-islamische Welt sei von Vorurteilen verzerrt, beklagt der Mitbegründer der postkolonialen Theorie in diesem einflussreichen Werk, das 1978 erstmals erschien
S. Fischer Verlag, Frankfurt am Main 2009; 459 S., 34,– €

ISLAM

Gudrun Krämer
Geschichte des Islam
Von den Anfängen bis zur Gegenwart beschreibt die Islamwissenschaftlerin die Weltreligion in all ihrer Vielfalt, den diese allein schon durch ihre weiträumige Expansion gewann
C. H. Beck Verlag, München 2024; 363 S., 24,– €

Lutz Berger
Die Entstehung des Islam
Die ersten hundert Jahre. Von Mohammed bis zum Weltreich der Kalifen
Das Buch bettet die Genese des Islam in die Welt der Spätantike ein und führt die Erfolge der frühen Muslime auch auf die Schwäche ihrer Gegner zurück
C. H. Beck Verlag, München 2016; 334 S., 26,95 €

Hartmut Bobzin
Mohammed
Porträt des Propheten, das unterschiedliche Perspektiven einbezieht und quellenkritisch bleibt
C. H. Beck Verlag, 5. Aufl., München 2016; 128 S., 8,95 €

Angelika Neuwirth
Der Koran als Text der Spätantike
Ein europäischer Zugang
Die Arabistin zeichnet die Entstehung des heiligen Buches als gleichsam religiös-poetische Schrift nach und erhellt Verbindungen zur Bibel
Verlag der Weltreligionen, Berlin 2010; 859 S., 48,– €

Mouhanad Khorchide
Gottes falsche Anwälte
Der Verrat am Islam
Mohammed habe eine Befreiungslehre verkündet, die bald nach dem Tod des Propheten manipuliert und politisch missbraucht worden sei, argumentiert der Islamwissenschaftler
Herder Verlag, Freiburg 2020; 256 S., antiquarisch

Brian A. Catlos
al-Andalus
Geschichte des islamischen Spanien
Wie herrschten die Muslime über Iberien, und wie weit reichte ihre religiöse Toleranz dort wirklich?
C. H. Beck Verlag, 3. Aufl., München 2024; 491 S., 34,– €

KAMPF UM DIE MACHT

Bassam Tibi
Kreuzzug und Djihad
Der Islam und die christliche Welt
Der Politikwissenschaftler analysiert vor allem die Kriege zwischen Christen und Muslimen, geht aber auch auf friedliche Begegnungen und kulturellen Austausch ein
Goldmann Verlag, München 2001; 319 S., antiquarisch

Thomas Asbridge
Die Kreuzzüge
Der Krieg um das Heilige Land
Eine ausführliche Analyse, wie es zu den Kreuzzügen kam, welche Grausamkeiten mit ihnen verbunden waren und was von den Mythen um Sultan Saladin zu halten ist
Pantheon Verlag, München 2021; 816 S., 22,– €

Nikolas Jaspert
Die Reconquista
Christen und Muslime auf der Iberischen Halbinsel 711–1492
Außer um Kämpfe und Kontakte der Gläubigen geht es darum, wie die »Reconquista«-Ideologie das Bild des mittelalterlichen Iberiens geprägt hat
C. H. Beck Verlag, München 2019; 128 S., 9,95 €

Alan Mikhail
Gottes Schatten
Sultan Selim und die Geburt der modernen Welt
Ohne den Vormarsch der Osmanen um 1500 wäre die Reformation ausgeblieben, und die Europäer hätten Amerika nicht erobert – so lautet die kontroverse These des US-amerikanischen Historikers
C. H. Beck Verlag, München 2021; 508 S., 32,– €

Klaus-Jürgen Bremm
Die Türken vor Wien
Zwei Weltmächte im Ringen um Europa
Der Militärhistoriker schildert das lange Duell zwischen Habsburgern und Osmanen, den Kampf um Macht und den rechten Glauben
WBG Theiss Verlag, Freiburg 2025; 463 S., 20,– €

Peter R. Neumann
Die Rückkehr des Terrors
Wie uns der Dschihadismus herausfordert
Von der Gründung der Muslimbruderschaft bis zum »Islamischen Staat« und dem Überfall der Hamas auf Israel: Der Politikwissenschaftler analysiert islamistischen Terror und zeigt dabei Gemeinsamkeiten zum Rechtsextremismus auf
Rowohlt Verlag, Berlin 2024; 175 S., 22,– €

Navid Kermani
Jeder soll von da, wo er ist, einen Schritt näher kommen
Fragen nach Gott
Der Schriftsteller erzählt seiner zwölfjährigen Tochter vom eigenen Glauben und tritt für einen lebendigen, zeitgemäßen Islam ein
dtv, München 2023; 238 S., 13,– €

ISLAM IN DEUTSCHLAND

Wolfgang Benz
Die Feinde aus dem Morgenland
Wie die Angst vor den Muslimen unsere Demokratie gefährdet
Der Historiker analysiert, wie rechte, aber auch linke Populisten in Deutschland gegen den Islam hetzen. Er vergleicht die Muslimfeindlichkeit mit dem Antisemitismus, ohne beides gleichzusetzen
C. H. Beck Verlag, 3. Aufl., München 2015; 220 S., 19,95 €

Mathias Rohe
Der Islam in Deutschland
Eine Bestandsaufnahme
Seit Jahrhunderten leben Muslime hierzulande: Der Islamwissenschaftler beleuchtet ihre Geschichte, ihren Alltag und ihren Glauben
C. H. Beck Verlag, 2. Aufl., München 2018; 446 S., 16,95 €

Seyran Ateş
Selam, Frau Imamin
Wie ich in Berlin eine liberale Moschee gründete
Die Frauenrechtlerin schreibt über ihr Engagement gegen einen reaktionären Islam, über Morddrohungen und Fehler der deutschen Politik
Ullstein Verlag, Berlin 2017; 303 S., antiquarisch

Zusammengestellt von der Redaktion

BILDNACHWEISE

Titel: Bridgeman Images [M]
S. 3: Reuters [M]
S. 4/5: Vera Tammen für ZEIT Geschichte [M], Ann Ronan Picture Library/Image Professionals [M], Photo Josse/Bridgeman Images, mauritius images [M], amazon.com
S. 6-15: Image Professionals GmbH, akg-images [M], Bridgeman Images [M], Zoonar/Imago, akg-images [M], Image Professionals GmbH, depositphotos/Imago, akg-images [M], dreamstime/Imago, Interfoto [M]
S. 16-20: mauritius images [M], mauritius images [M], Imago [M] (2), privat [M]
S. 21: action press
S. 22-27: unbekannt, BnF, mauritius images [M], uig/Imago, Österreichische Nationalbibliothek [M], privat [M]
S. 28-31: BnF, Pia Bublies für ZEIT Geschichte [M], Jette Vood [M]
S. 32/33: mauritius images [M], Jette Vood [M]
S. 34-40: mauritius images, akg-images [M], Look/Image Professionals (3), akg-images, Hessen Kassel Heritage, Sammlung Angewandte Kunst, Foto: A. Hensmanns, privat [M]
S. 41: akg-images
S. 42-45: British Library/akg-images [M], Interfoto, Science Source/mauritius images, Jürgen Römer [M]
S. 46-49: Heritage Images/akg-images, Photo Josse/Bridgeman Images, Anna Schenk [M]
S. 50-53: akg images [M], mauritius images, Michael Heck [M]
S. 54/55: Ann Ronan Picture Library/Image Professionals, privat [M]
S. 56-61: Bridgeman Images [M], Heritage Images/Imago, Bridgeman Images, Museo de Bellas Artes de Castellón, privat [M]
S. 62/63: Heritage Images/akg-images [M], imagebroker/Imago, privat [M]
S. 64-69: Bridgeman Images, Bridgeman Images [M], Heritage Images/Imago [M], Manuel Cohen/akg-images, Heeresgeschichtliches Museum/Peter Svec pixXL [M], David Payr [M]
S. 70-72: Robert Harding/Imago, privat [M]
S. 74-77: mauritius images, BSB Bayerische Staatsbibliothek München [M], Arne Mayntz [M]
S. 78-82: Universal History Archive/uig/Shutterstock, Bridgeman Images, privat [M]
S. 84/85: akg-images [M]
S. 86-91: mauritius images, akg-images, Imago, uig/Imago, action press, Ekko von Schwichow [M]
S. 92-94: ullstein bild, Imago [M], fine-art-images/akg-images [M], mauritius images (2), privat [M]
S. 95: dpa/picture alliance
S. 96-99: Imago, Reuters, privat [M]
S. 100-103: dpa/picture alliance [M], ullstein bild, privat [M]
S. 104-109: Imago, Image Professionals, Sygma/Getty Images, dpa/picture alliance, Minda de Gunzburg Center for European Studies, Harvard University [M]
S. 110-113: Reuters, dpa/picture alliance, amazon.de, Frederike Wetzels [M]
S. 114/115: epa, Mirjam Rademacher [M]
S. 116-119: ullstein bild, privat
S. 122: Imago, Reuters

IMPRESSUM

Herausgeber: Christian Staas, Dr. Volker Ullrich
Berater: Prof. Dr. Norbert Frei
Chefredakteur: Frank Werner
Redaktion: Markus Flohr, Samuel Rieth, Judith Scholter
Art-Direktion: Maret Tholen
Grafik/Layout: Dorothee Holthöfer (fr.)
Bildredaktion: Andy Heller, Amely Sommer (fr.)
Korrektorat: Thomas Worthmann (Ltg.), Oliver Voß (Stv.)
ZEIT Geschichte
Zeitverlag Gerd Bucerius GmbH & Co. KG
Buceriusstraße, Eingang Speersort 1
20095 Hamburg
Telefon: 040 • 32 80-0
Fax: 040 • 32 71 11
E-Mail: DieZeit@zeit.de
Kontaktadresse nach EU-Produktsicherheitsverordnung: produktsicherheit@zeit.de
CPO Magazines & New Business: Sandra Kreft
Director Magazines: Malte Winter
Marketing: Elke Deleker
Vertrieb: Sarah Reinbacher
Unternehmenskommunikation und Veranstaltungen: Silvie Rundel
Herstellung: Torsten Bastian (Ltg.), Oliver Nagel (Stv.)
Anzeigen: ZEIT Advise
Lars Niemann (CSO)
www.advise.zeit.de
Anzeigenpreise: ZEIT Geschichte-Preisliste Nr. 18 vom 1. Januar 2025
Druck: Firmengruppe APPL, appl druck, Wemding
Abonnement: Jahresabonnement (6 Hefte) 54,60 €, Lieferung frei Haus (Auslandsabonnementpreise auf Anfrage)
Abonnentenservice:
Telefon: 040 • 42 23 70 70
Fax: 040 • 42 23 70 90
E-Mail: abo@zeit.de
Diese Ausgabe enthält in einer Teilauflage eine Publikation von: Plan International Deutschland e.V., 22305 Hamburg

PODCAST

»Wie war das noch mal?« Alle Folgen unseres Podcasts finden Sie hier:
zeit.de/serie/wie-war-das-noch-mal

Israel und Palästina

Zwischen Terror, Krieg und Friedenshoffnung: Die Geschichte eines hundertjährigen Konflikts

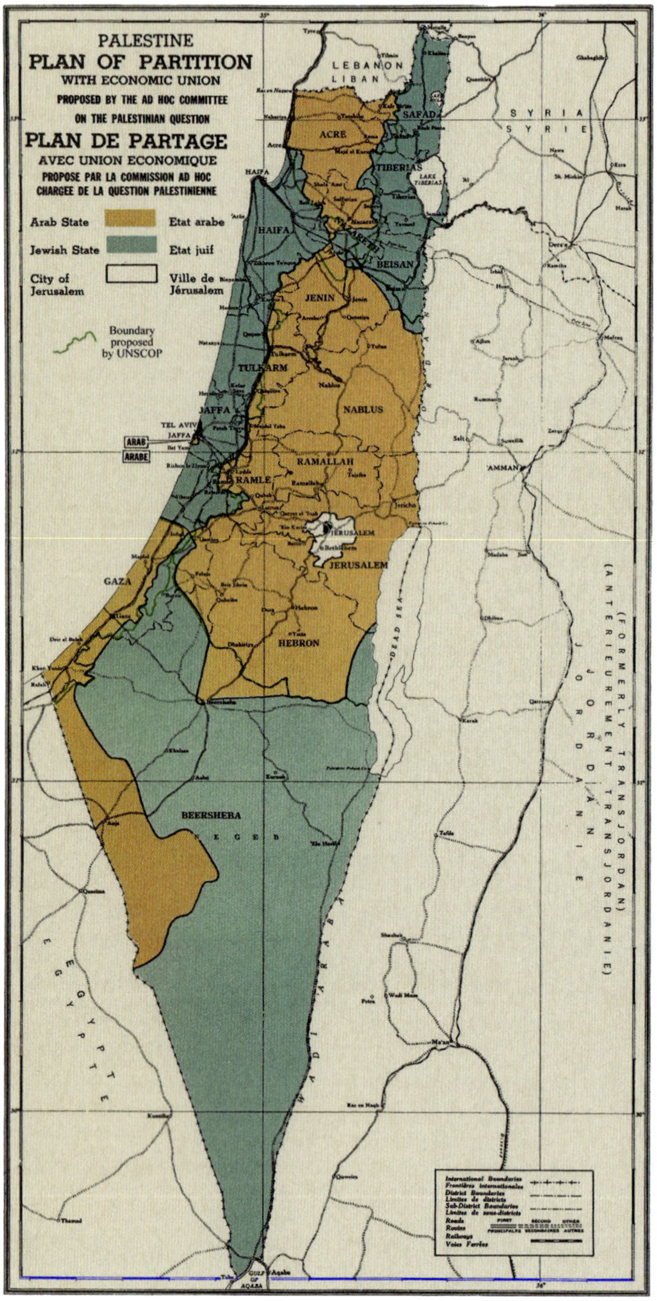

Nicht weniger als »ewigen Frieden« versprach US-Präsident Donald Trump, als er im Oktober 2025 eine Waffenruhe zwischen Israel und der Terrororganisation Hamas verkündete. Doch zwei Jahre nach dem Überfall vom 7. Oktober 2023 und dem Beginn des Krieges im Gazastreifen bleibt Frieden im Nahen Osten ein selten gesehener Gast: Die Hamas lässt sich nicht ohne Weiteres entwaffnen, Israel fliegt Luftangriffe. Ein eigener Staat für die Palästinenser, den viele Vermittler seit Jahrzehnten fordern, scheint in weite Ferne gerückt.

Unser nächstes Heft erzählt die lange Geschichte des Konflikts in Palästina, der in den 1920er-Jahren mit der zunehmenden jüdischen Einwanderung und dem wachsenden Widerstand der arabischen Einheimischen begann. Fast 90 Jahre ist es her, dass eine Kommission im Auftrag der britischen Mandatsmacht erstmals einen Plan vorlegte, aus der Konkursmasse des Osmanischen Reiches die Ansprüche zweier Völker auf einen eigenen Staat zu erfüllen. Unser Heft zeichnet die Geschichte der Zweistaatenlösung nach, von den ersten Plänen 1937 bis zum bislang vielversprechendsten Versuch, eine gerechte Lösung zu finden, dem Oslo-Friedensprozess, der 1995 mit dem Mord am israelischen Ministerpräsidenten Izchak Rabin faktisch endete. Seitdem haben die Fanatiker auf beiden Seiten – geeint im Hass auf den anderen – jede Chance auf echten Frieden zerstört.

Wie geht es weiter zwischen Israel und Palästina, was lehrt uns die Geschichte dieses langen Ringens um Land und Selbstbestimmung? Erlebt die Zweistaatenlösung doch noch ein Comeback? Und welche Rolle spielt Deutschland in diesem Konflikt?

ZEIT Geschichte 1/2026:
Ab 30. Januar am Kiosk

ZWEISTAATENLÖSUNG: Die Karte zeigt den Teilungsplan der Vereinten Nationen für Palästina von 1947. Auf dem Bild rechts stehen sich 2015 im Westjordanland eine Palästinenserin und ein israelischer Grenzpolizist gegenüber